Horizonte

Geschichte für die Oberstufe

Begleitheft zur Vorbereitung auf die schriftliche Abiturprüfung in Niedersachsen 2008

bearbeitet von
Frank Bahr

westermann

Bildnachweis

agk-images, Berlin: Schutzumschlag o.re. (AP), Schutzumschlag u., 6 M3, 19 M1, 35 M12 (E. Lessing), 43 M2 (E. Lessing), 44 M4 (E. Lessing), 49 M1, 56 M1

Bildarchiv Preußischer Kulturbesitz, Berlin: Schutzumschlag o.li.

Kathedrale von Aosta: 30 M3

Mary Evans Picture Library, London: 59 M3

Picture-Alliance, Frankfurt/M.: 15 M1 (dpa/S. Stache)

Scala, Florenz: 25 M1

The Hybrid Culture, Tokyo: 57 M2

ullstein bild, Berlin: 41 M1 (Ex-Press)

Druck A[1] / Jahr 2006
Alle Drucke der Serie A sind im Unterricht parallel verwendbar.

Redaktion: Christoph Meyer
Herstellung: Nicole Hotopp
Satz: pva, Druck und Mediendienstleistungen GmbH, Landau
Druck und Bindung: westermann druck GmbH, Braunschweig

ISBN 978-3-14-**11 0967**-2
alt 3-14-**11 0967**-2

Inhalt

Diese Publikation richtet sich speziell an Schülerinnen und Schüler, die im Jahr 2008 die Abiturprüfung in Niedersachsen ablegen wollen. Die inhaltliche Gliederung in drei Kapitel folgt den verbindlichen thematischen Schwerpunkten in diesem Jahr. Die einleitenden Texte sowie die zahlreichen Materialien verstehen sich als Ergänzung zu dem Angebot, das in den Oberstufenbänden HORIZONTE I und HORIZONTE II gemacht wird.

Den Abschluss bildet eine typische Abituraufgabe mit Erwartungshorizont für das grundlegende Anspruchsniveau.

1. Kontinuität und Diskontinuität deutscher Außenpolitik 1914 bis 1945

1.1 Versailler Friede – enttäuschte Erwartungen

Thematische Struktur und didaktische Orientierung

Die banale Erfahrung von Verlierern lautet – auf einen kurzen Nenner gebracht: Es ist anders gekommen als erhofft. Diese Binsenweisheit galt nicht nur für die politische und militärische Elite des Kaiserreiches, sondern auch für die überwältigende Mehrheit des deutschen Volkes.

Wegen der propagandistisch vermittelten Siegesgewissheit und angesichts des Frontverlaufs konnten die meisten Menschen die Niederlage im Ersten Weltkrieg nicht nachvollziehen. Im Osten hatten die deutschen Truppen den Sieg davongetragen, der in Brest-Litowsk mit Sowjetrussland vertraglich fixiert worden war (siehe HORIZONTE, Bd. II, S. 237). Im Westen verlief die Front tief in Feindesland. Der durchschnittliche Deutsche konnte – ohne ausreichende Kenntnis der strategischen Gesamtsituation – nicht verstehen, warum der Krieg so plötzlich verloren sein sollte. Zu groß war die sozialpsychologische Kluft zwischen den hochgeschossenen Erwartungen von 1914 und dem ruhmlosen Ende 1918. Es stellte sich die Frage nach dem Sinn der millionenfachen Opfer.

Die Hoffnungen, dass nach der Abdankung Kaiser Wilhelms II. das neue demokratische Deutschland mit einem milden Frieden belohnt werden würde, erfüllten sich nicht. In der Folge setzte sich die harte französische Haltung des Ministerpräsidenten Clemenceau durch. Somit bildete sich eine mentale Gemengelage, in der Sündenbockdenken und Verschwörungsfantasien gedeihen konnten.

Die heute übliche Bezeichnung „Versailler Vertrag“ stieß in weiten Teilen der deutschen Bevölkerung auf Ablehnung. Weit verbreitet war vielmehr die Bezeichnung „Diktat“. Tatsächlich gab es in Versailles keine diplomatischen Verhandlungen im üblichen Sinne. Die Friedensbedingungen wurden seitens der Siegermächte in ultimativer Form vorgetragen. Vor dem Hintergrund einer möglichen Invasion und Besetzung des gesamten Reiches blieb der deutschen Delegation nichts anderes übrig als das Vertragswerk zu unterschreiben.

Dolchstoßlegende

Inspiriert durch die Aussagen der Obersten Heeresleitung (Hindenburg und Ludendorff), die sich auf diese Weise rehabilitieren wollte, formten sich gegenrevolutionäre Kräfte ihren Verratsmythos: die Dolchstoßlegende. Damit stand den konservativ-nationalistischen Kreisen ein Instrument zur Verfügung, mit dem das neue „System“ (der „Novemberverbrecher“) wirkungsvoll attackiert werden konnte.

Thematische Aufbereitung in den HORIZONTEN

Der Versailler Friedensvertrag und die Dolchstoßlegende werden im Rahmen der Weimarer Republik (HORIZONTE, Bd. II, Kapitel 10) behandelt. Schon die Einleitung zu diesem Kapitel (S. 250 / 251) greift sprachlich und bildlich die Emotionalisierung dieser Thematik auf. Die Inhalte des Versailler Vertrags sowie die Belastungen durch Reparationszahlungen werden in Kapitel 10.3 („Zwischen Konsolidierung und Gefährdung“) dargeboten (M8, M9 sowie M1 auf Seite 276).

M 1 Bestimmungen des Versailler Vertrages

Das Dokument umfasst insgesamt 440 Artikel. Der folgende Text bietet eine Zusammenfassung des gesamten Vertragswerkes:

Der „Clemenceau-Frieden“ wird weigehend von den Franzosen durchgesetzt, wenn er auch in wesentlichen Bestimmungen infolge des Widerstands von US-Präsident Wilson und Premier Lloyd George abgeschwächt werden kann [vor allem in der Forderung der Abtretung von Gebieten westlich des Rheins].

Teil I enthält – wie in allen anderen Friedensverträgen – die Völkerbundssatzung.

Teil II und III betreffen die neuen Grenzen, die politischen Klauseln [Ausbeutung der Gruben], die Saar und die Volksabstimmungen. Ohne Abstimmung werden abgetreten: Elsass-Lothringen, fast ganz Posen und Westpreußen [Polen und Freie Stadt Danzig], Memelgebiet, Hultschiner Ländchen [Tschechoslowakei]. Abstimmungen sollen stattfinden in: Nordschleswig, Regierungsbezirk Marienwerder und Allenstein, in Eupen-Malmédy und Oberschlesien. Im Saarbecken verzichtet Deutschland auf das Eigentum an den Kohlengruben zugunsten Frankreichs mit Möglichkeit des Rückkaufsrechts. Nach 15 Jahren soll eine Abstimmung im Saargebiet stattfinden. Deutschland erkennt die Unabhängigkeit Österreichs als „unabänderlich“ an; Änderung nur „mit Zustimmung des Rats des Völkerbundes“.

Besetzung des linksrheinischen Gebiets mit drei Brückenköpfen in drei Zonen mit der Möglichkeit der Räumung nach 5, 10 und 15 Jahren.

Teil IV bezieht sich auf die deutschen Rechte und Interessen im Ausland. Das Reich verzichtet auf alle überseeischen Besitzungen.

Die militärischen Bestimmungen in **Teil IV und V** setzen fest: Auslieferung fast des gesamten Kriegsmaterials. Auflösung des Großen Generalstabs. Aufhebung der allgemeinen Wehrpflicht. Auflösung des deutschen Heeres. Festsetzung einer Höchstgrenze für Zahl und Stärke der Einheiten sowie für Bewaffnung des neuen Berufsheeres von 100 000 Mann Land- und 15 000 Mann Marinetruppen mit 4 000 Offizieren [Dienstzeit 12 Jahre, Offiziere 25 Jahre].

Alle Festungen und befestigten Plätze bis zu 50 km ostwärts des Rheins werden geschleift.

Interalliierte, auf Deutschlands Kosten zu unterhaltende Kommissionen überwachen die Abrüstung und den erlaubten Rüstungsstand Deutschlands.

Teil VI enthält Vorschriften über die Kriegsgefangenen und die Grabstätten.

Teil VII bringt Strafbestimmungen: Wilhelm II. wird unter Anklage gestellt „wegen schwerster Verletzung der internationalen Moral und der Heiligkeit der Verträge“. Ein besonderer Gerichtshof soll gebildet werden. Die deutsche Regierung soll alle „Kriegsverbrecher“ ausliefern.

Teil VIII behandelt die Wiedergutmachungen (Reparationen). Der einleitende Artikel 231 erklärt, „dass Deutschland und seine Verbündeten als Urheber aller Verluste und aller Schäden verantwortlich sind, welche die alliierten und assoziierten Regierungen und ihre Angehörigen infolge des ihnen durch den Angriff Deutschlands und seiner Verbündeten aufgezwungenen Krieges erlitten haben“ [Kriegsschuldparagraf]. Mit dieser einseitigen Feststellung der Kriegsschuld der Mittelmächte, insbesondere Deutschlands, werden alle Reparationen begründet. Die Gesamtschuld des Deutschen Reichs soll von einer besonderen Reparationskommission festgelegt und innerhalb von 30 Jahren, beginnend mit dem 1. Mai 1921, abgelöst werden. Alle Handelsschiffe über 1600 BRT und die Hälfte aller Handelsschiffe von 1000-1600 BRT sowie z. T. Fischereifahrzeuge und die Flussschifffahrtsflotte sollen abgeliefert werden. Ebenso große Mengen von Maschinen, Fabrikeinrichtungen, Baumaterialien usw.; jährliche Kohlelieferungen für eine Zeitdauer von 10 Jahren, ebenso Lieferungen von Benzol, Steinkohlenteer, schwefelsaurem Ammoniak drei Jahre lang. Ablieferung von Farbstoffen, Lokomotiven, Eisenbahnwagen, Lastkraftwagen, landwirtschaftlichen Maschinen. Übergabe der deutschen Unterseekabel.

Teil IX enthält finanzielle Bestimmungen.

Teil X regelt wirtschaftliche Bestimmungen: Volle Meistbegünstigung der Signatarstaaten im Handelsverkehr auf 5 Jahre. Die Zollordnung der besetzten Gebiete wird von den Alliierten bestimmt. Aufhebung aller Handelsverträge.

Ferner muss Deutschland eine Reihe von Verträgen anerkennen, die von den Alliierten in Zukunft ohne Mitwirkung Deutschlands geschlossen werden, außerdem auch die Kriegsentschädigung [Wiederherstellung, Wiedergutmachung], die die Alliierten späterhin der Sowjetunion zusprechen.

Teil XI bestimmt für die Luftschiffe der Alliierten Freiheit des Überfliegens und der Landung auf deutschem Hoheitsgebiet.

Teil XII über Häfen, Wasserstraßen und Eisenbahnen, erklärt Elbe, Memel, Oder, Donau und Rhein für international, bestimmt freie Durchfahrt für alle Nationen durch den Nord-Ostsee-Kanal, Freihäfen für die Tschechoslowakei in Hamburg und Stettin.

Teil XIII befasst sich mit der Organisation der Arbeitsbedingungen im Sinne des Völkerbunds. **Teil XIV** behandelt die Sicherheiten für die Ausführung des Vertrages. Bestimmungen über die Räumungsfristen des besetzten Gebiets, die bis zu 15 Jahre betragen.

Teil XV enthält Verschiedenes: Deutschland verpflichtet sich u. a., mit allen Bestimmungen einverstanden zu sein, die bezüglich der Gebiete der ehemaligen österreichisch-ungarischen Monarchie, Bulgariens und der Türkei getroffen werden.

A. Hillgruber, J. Düllfer (Hg.) Ploetz-Geschichte der Weltkriege, Freiburg/Brsg. 1981, S. 82 f.

M 2 Versailles – „Krankheit der Republik"

Der Historiker Hagen Schulze beschreibt die mentalen Auswirkungen des Friedensvertrages:

Versailles war also eine besonders wirksame Chiffre [Zeichen] für die deutsche Kriegsniederlage und für alles, was aus der Perspektive der Deutschen damit zusammenhing: Revolution, Republik, Demokratie, Inflation, außenpolitische Diskriminierung. Und da die Weltkriegssieger der westlichen Welt angehörten und ihre politische Kultur bis hin zur liberalen Demokratie und zum parlamentarischen Verfassungsstaat den geschlagenen Mittelmächten oktroyiert hatten, bedeutete Versailles zu alledem noch eine Verstärkung der antiwestlichen Vorurteile, die ohnehin bereits seit der napoleonischen Okkupation in Deutschland virulent gewesen waren. Der Herausgeber der Zeitschrift „Die Grenzboten", Max Hildebert Boehm, formulierte das Ressentiment so: „Den stärksten Widerwillen empfindet die Jugend gegen die Reaktion von heute, gegen die westlerische, liberale Weltreaktion, der der Präsident Wilson die Fahne vorangetragen hat, die uns niedergeworfen und vergewaltigt hat und deren Henkersknechte, die Erzberger und Scheidemänner[1], die Formaldemokraten aus allen Lagern sind."

Der Autor war rechter Nationalist, aber das Zitat hätte ohne weiteres von einem Kommunisten stammen können. „Versailles" war mehr als eine Parteiparole, es war Inbegriff eines umfassenden, diffusen, vergifteten politischen Klimas. „Wir empfanden den Friedensschluss von Versailles als eine Schande", erinnerte sich später ein Journalist an seine Kindheit in einem katholischen, demokratisch gesinnten Elternhaus, „und wir schämten uns des verlorenen Krieges und erst recht des Staates, der daraus hervorgegangen und nur in Gestalt ständigen Parteigezänks gegenwärtig war. Wer hatte uns diese Scham gelehrt, dieses Schandegefühl beigebracht? Ich weiß es nicht. Der Vater und das Elternhaus waren es gewiss nicht [...]. Es waren wohl eher Gespräche mit den Schulkameraden, mit Leuten auf der Straße und die in der Öffentlichkeit überall anzutreffende intensive Propaganda, die so starke Wirkung auf uns ausübten. Es gab auch Lehrer, die kräftig in diese Kerbe schlugen. Wir wussten zwar nichts Genaues über Versailles. Wir kannten aber die Fakten, die wir als Schande zu empfinden hatten."

Versailles stand für die Krankheit der Weimarer Republik, ihre Heilung hieß Revision, und im Streit um die Überwindung von Versailles musste derje-

M 3 „Judas Verrat"

Antisemitische Zeichnung von Willy Knabe, 1942

nige siegen, der den Revisionismus am rücksichtslosesten in den Dienst seiner Partei stellte. Hitler verstand es besser als jeder andere Politiker, das populärste Projekt der Weimarer Zeit, die Revision von Versailles, auf seine Fahnen zu schreiben und alle übrigen politischen Kräfte der Republik – und damit die Republik selbst – wegen ihrer mangelnden Revisionsfreudigkeit zu diffamieren [verleumden].

1. Matthias Erzberger (1875–1921), Zentrums-Politiker, unterzeichnete den Waffenstillstand, von nationalistischen Rechten ermordet; Philipp Scheidemann (1865–1939), SPD-Politiker, proklamierte am 9. November 1918 die deutsche Republik.

H. Schulze, Versailles, in: E. François, H. Schulze (Hg.), Deutsche Erinnerungsorte, Bd. 1, München 2001, S. 418 ff.

M 4 „Die böse Saat"

Der Historiker Michael Salewski schreibt über die Entwaffnung und Militärkontrolle:

In fast 40 Monaten führten alliierte Offiziere 33 381 Kontrollen durch. Unter ihrer Aufsicht zerstörten die Deutschen etwa sechs Millionen Gewehre, 105 000 Maschinengewehre, 28 470 Minenwerfer und Rohre, 54 887 Geschütze und Rohre, 38 750 000 Geschosse; 490 Millionen Patronen, dazu 14 014 Flugzeuge und 27 757 Flugzeugmotoren. Moderne Waffensysteme durften die Deutschen nicht länger besitzen: Flugzeuge, Unterseeboote, Panzer. So hatte es der Teil V des Versailler Vertrages festgelegt, der die Grundlage für die nahezu vollständige Entwaffnung des Deutschen Reiches nach 1919 bildete. Den Deutschen blieben eine bescheiden bewaffnete Hunderttausend-Mann-Armee und eine veraltete Miniaturmarine. […]

„Ist nicht die Überlegung, die ich bei mir in meinem Kopf anstelle", so formulierte Seeckt es am 20. Januar 1920 [der Vertrag war gerade zehn Tage in Kraft], „wie diese unerträglichen Fesseln einmal zu brechen sein werden, wie wir im Falle letzter Not doch noch Ehre und Vaterland verteidigen könnten, nicht eine Kriegsvorbereitung? Lassen sich solche Überlegungen und ihnen folgende Besprechungen überhaupt verbieten?" Der Generaloberst wusste die Antwort: „Geist bleibt lebendig – bis auf den Tag!"

Damit ist es schon angedeutet: Viel wichtiger als die materiellen Ergebnisse der scheinbar erfolgreichen Entwaffnung und Kontrolle waren die politischen und geistigen Folgen. […]

Nicht nur, aber ganz besonders die militärischen Bestimmungen des Versailler Vertrages galten als „Diktat". Schlimmer, mit ihnen wurden die Grundfesten des bürgerlichen Selbstverständnisses erschüttert: die Souveränität des Staates und die Ehre der Nation. „Waffen-Ehre": Wer den „deutschen Mann" entwaffnete, der verletzte das Ehrgefühl nicht nur des Soldaten selbst, sondern der Bürger insgesamt. Es war nicht verwunderlich, dass die davon Betroffenen rabiat reagierten – wie Hermann Ehrhardt, einst Offizier der Kaiserlichen Marine, und Reichswehrgeneral Freiherr von Lüttwitz, die den ostpreußischen Generallandschaftsdirektor Wolfgang Kapp vorschoben und im März 1920 das Weimarer „System" mit einem Putsch beseitigen wollten. Es habe sich nicht gegen die Demobilisierungs- und Entwaffnungsverfügung der Kontrolleure gewehrt.

Zwar ging der Kapp-Putsch für die Republik glimpflich aus, aber die böse Saat ging bald andernorts auf. Vor allem in Bayern bildeten sich aus Protest gegen die erzwungene Waffenlosigkeit paramilitärische Verbände, Einwohnerwehren, eine „Organisation Escherich". Schließlich witterte auch jener Mann Morgenluft, der als Verwundeter in Pasewalk bittere Tränen der Schmach vergossen hatte, als er vom unrühmlichen Ende des Weltkrieges erfuhr: Der Hitlerputsch vom 8./9. November 1923 war ein Protest gegen die „Entehrung" der Nation durch die „Novemberverbrecher", die Handlanger der Siegermächte. […]

Schon während der Pariser Friedenskonferenz hatte der amerikanische Präsident Wilson auf die Frage, was denn zu geschehen habe, sollte Deutschland den einen oder anderen Artikel des Versailler Vertrages nicht erfüllen oder verletzen, zur Antwort gegeben: „Nicht jeder der Artikel ist die Erneuerung des Krieges wert." Wo eigentlich lag die Grenze zwischen Kontrollverweigerung und Krieg? Im alliierten Lager, geschweige denn im Völkerbund wusste darauf niemand eine plausible Antwort. Und so kam es, dass im Verlauf der Jahre die Schwelle hin zum Krieg immer höher wurde. Am Ende mündete das in einer nur noch als feige und irrational zu bezeichnenden „Appeasemen-Politik" einem skrupellosen Diktator gegenüber, der niemals ein Hehl daraus gemacht hatte, dass er die Entwaffnung Deutschlands nicht hinnehmen, sondern die Wiederbewaffnung durchsetzen werde, und sei es um den Preis eines Krieges. Den wagten Frankreich und England nicht, als er noch ohne großes Risiko möglich gewesen wäre – man weiß, wie nervös Hitler am Tag des so genannten „Rheinland-Einmarsches" war; nun werde man erfahren, ob Frankreich und England „Männer" hätten.

Aus: Frankfurter Allgemeine Zeitung, 23.03.2003.

1.2 Zwischen Status quo und Radikalrevisionismus

Thematische Struktur und didaktische Orientierung

Die moderne Geschichtsschreibung ist dazu übergegangen, den inneren Zusammenhang zwischen den beiden Weltkriegen zu unterstreichen. Demzufolge ist die Formulierung „Zweiter Dreißigjähriger Krieg" von etlichen Historikern aufgegriffen worden. Eine Wurzel der deutschen Katastrophe (1933-1945) liegt zweifellos in der unzureichenden Aufarbeitung des Ersten Weltkriegs während der Weimarer Republik. Die Ablehnung des Versailler Vertrags („Schmachfriede") einte das politische Spektrum von links bis rechts. Dem Artikel 231, der die alleinige Kriegsschuld des Deutschen Reiches völkerrechtlich verbindlich festhielt, wurde aufs Heftigste widersprochen. Allgemein galt die Überzeugung, einen legitimen Verteidigungskrieg geführt zu haben. Die politischen Kräfte der Weimarer Republik unterschieden sich nur hinsichtlich der Methode, wie eine Revision des Vertrags anzugehen sei. Die demokratischen Parteien hofften auf diplomatische Annäherung und vertrauensbildende Maßnahmen, während radikalnationalistische Kreise mehr oder weniger offen die kriegerische Revanche ins Auge fassten.

„Kriegsunschuldthese"

Die republikanische Regierung scheute davor zurück, die Hauptverantwortlichkeit der deutschen Führung in Bezug auf den Kriegsbeginn 1914 zu präsentieren. Von amtlichen Stellen gesteuert, startete die Regierung eine Kampagne gegen die alliierte „Kriegsschuldlüge". Diesem Zweck diente auch die selektive Veröffentlichung von Dokumenten in der 40 Bände umfassenden Reihe „Große Politik der Europäischen Kabinette". Die offiziell vertretene „Kriegsunschuldthese", die die Verantwortlichkeit des kaiserlichen Deutschlands verhüllte, lenkte unwillentlich Wasser auf die Mühlen der republikfeindlichen Parteien. Für diese hatte der Kampf gegen das „Versailler Diktat" zwei wesentliche Stoßrichtungen:
a) außenpolitisch gezielt auf die Wiedergewinnung der europäischen Vormachtstellung durch militärische Revanche,
b) innenpolitisch gezielt auf die Weimarer Demokratie und letztlich endend im „Dritten Reich".
Der Vorsitzende der SPD, Otto Wels, sagte dazu kurz und bündig: „Erst kam das Diktat, dann der Diktator."

Thematische Aufbereitung in den HORIZONTEN

HORIZONTE, Bd. II, dokumentiert in Kapitel 10.4 („Die Außenpolitik") die verschiedenen Aspekte der Revisionsbestrebungen seitens der politischen Klasse beziehungsweise militärischen Führung (M2-M6). Die Radikalrevision mit außenpolitischer Stoßrichtung ist letztlich nicht vom Kampf antidemokratischer Kräfte gegen die Weimarer Republik zu trennen. (Siehe dazu Kapitel 10.5: „Die Auflösung der Republik".) Eine zwangsläufige Fortsetzung findet dieser thematische Schwerpunkt in der nationalsozialistischen Kriegspolitik (Kapitel 11.5). Sinnvoll ist in diesem Zusammenhang auch die Behandlung von Karikaturen. Im Anhang „Arbeitstechnik und Methoden" befindet sich eine Analyse der Karikatur „Simson Germanicus" aus dem „Kladderadatsch" (S. 593). Hier wird die Sichtweise des konservativen Deutschlands hinsichtlich des „Schmachfriedens" veranschaulicht. Weitere Anknüpfungs- und Berührungspunkte für den thematischen Schwerpunkt bieten die Fragen an die Geschichte: „Die deutsch-französische Erbfeindschaft: Wirklichkeit oder Legende?" (S. 280 / 281).

M 1 Unterzeichnung des Friedensvertrages

Erklärung der Deutschnationalen Volkspartei (22. Juni 1919):

Wir haben uns in unserer Partei die schweren Folgen, welche eine Ablehnung des Friedensvertrages für unser Volk, für unser Land herbeiführen kann, vollkommen klargemacht. [...] Aber die Übel, die daraus entstehen können, können nur vorübergehend sein, [...] während, wenn wir diesen Vertrag annehmen, wir für ungezählte Geschlechter unser ganzes Volk dem Elend preisgeben. [...]
Da muss das lebende Geschlecht den Todesmut haben, die gegenwärtigen Folgen im Interesse der zukünftigen Geschlechter zu ertragen. [...]

Zit. nach: W. Conze, Der Nationalsozialismus, Teil 1, Stuttgart 1973, S. 8.

M 2 Erfüllung des Friedensvertrags

Aufruf des Reichspräsidenten Friedrich Ebert (24. Juni 1919):

An das deutsche Volk!
Die Reichsregierung hat mit der Zustimmung der Nationalversammlung erklärt, den Friedensvertrag zu unterschreiben. Schwersten Herzens, unter dem Druck der rücksichtslosesten Gewalt nur in dem einen Gedanken: unserem wehrlosen Volke neue Kriegsopfer und Hungerqualen zu ersparen. [...]
Jede Anstrengung muss an die Erfüllung dieses Vertrags gesetzt werden; soweit er ausführbar ist, muss er ausgeführt werden! [...]
Wenn wir nicht alle mithelfen, ist die Unterschrift unter dem Vertrag wertlos. Dann kann es keine Erleichterungen, keine Revisionen und kein schließliches Abtragen der ungeheueren Lasten geben. Was heute an Tagen versäumt wird, kann unsere Kinder Jahre der Knechtschaft kosten. Schon heute müssen Volk und Regierung an die Arbeit gehen. Es darf keine Pause geben und kein Beiseitestehen. Es gibt nur einen Weg aus der Finsternis dieses Vertrags: Erhaltung von Reich und Volk durch Einigkeit und Arbeit! [...]

Zit. nach: W. Conze, a.a.O, S. 8.

M 3 Der Vertrag von Locarno (16.10.1925)

Außenminister Gustav Stresemann betrieb die Aussöhnung mit Frankreich:

Die Vertreter der Deutschen, Belgischen, Britischen, Französischen, Italienischen, Polnischen und Tschechoslowakischen Regierung, die vom 5. bis zum 16. Oktober 1925 in Locarno versammelt waren, um gemeinsam die Mittel zum Schutze ihrer Völker vor der Geißel des Krieges zu suchen und für die friedliche Regelung von Streitigkeiten jeglicher Art, die etwa zwischen einigen von ihnen entstehen könnten, zu sorgen, haben ihre Zustimmung zu den Entwürfen der sie betreffenden Verträge und Abkommen gegeben, die im Laufe der gegenwärtigen Konferenz ausgearbeitet worden sind. [...]
Anlage A
Art. 1: Die Hohen Vertragschließenden Teile garantieren, jeder für sich und insgesamt, in der in den folgenden Artikeln bestimmten Weise die Aufrechterhaltung des sich aus den Grenzen zwischen Deutschland und Belgien und zwischen Deutschland und Frankreich ergebenden territorialen Status quo, die Unverletzlichkeit dieser Grenzen, wie sie durch den in Versailles am 28. Juni 1919 unterzeichneten Friedensvertrag oder in dessen Ausführung festgesetzt sind, sowie die Beobachtung der Bestimmungen der Artikel 42 oder 43 des bezeichneten Vertrages über die demilitarisierte Zone.
Art. 2: Deutschland und Belgien und ebenso Deutschland und Frankreich verpflichten sich gegenseitig, in keinem Falle zu einem Angriff oder zu einem Einfall oder zum Krieg gegeneinander zu schreiten.

Zit. nach: W. Michalka, G. Niedhart (Hg.), Die ungeliebte Republik, München 1980, S. 165 f.

M 4 Kriegs(un)schuld

Aus einer Rede des Außenministers Ulrich Graf von Brockdorff-Rantzau anlässlich der Überreichung des Friedensvertragsentwurfes (7. Mai 1919):

Meine Herren! Wir sind tief durchdrungen von der erhabenen Aufgabe, die uns mit Ihnen zusammengeführt hat: der Welt rasch einen dauernden Frieden zu geben. Wir täuschen uns nicht über den Umfang unserer Niederlage, den Grad unserer Ohnmacht. Wir wissen, dass die Gewalt der deutschen Waffen gebrochen ist; wir kennen die Wucht des Hasses, die uns hier entgegentritt, und wir haben die leidenschaftliche Forderung gehört, dass die Sieger uns zugleich als Überwundene zahlen lassen und als Schuldige bestrafen sollen.
Es wird von uns verlangt, dass wir uns als die allein Schuldigen am Kriege bekennen; ein solches Bekenntnis wäre in meinem Munde eine Lüge. Wir sind fern davon, jede Verantwortung dafür, dass es zu diesem Weltkriege kam, und dass er so geführt wurde, von Deutschland abzuwälzen. Die Haltung der früheren Deutschen Regierung auf den Haager

Friedenskonferenzen, ihre Handlungen und Unterlassungen in den tragischen zwölf Julitagen mögen zu dem Unheil beigetragen haben, aber wir bestreiten nachdrücklich, dass Deutschland, dessen Volk überzeugt war, einen Verteidigungskrieg zu führen, allein mit der Schuld belastet ist. [...] Sie werden uns bereit finden, auf dieser Grundlage den Vorfrieden, den Sie uns vorlegen, mit der festen Absicht zu prüfen, in gemeinsamer Arbeit mit Ihnen Zerstörtes wieder aufzubauen, geschehenes Unrecht, in erster Linie das Unrecht an Belgien, wieder gutzumachen und der Menschheit neue Ziele politischen und sozialen Fortschritts zu zeigen. [...]

Zit. nach: W. Michalka, G. Niedhart (Hg.), Die ungeliebte Republik, München 1980, S. 123.

M 5 Kriegsunschuld-Legende

Der Historiker Edgar Wolfrum analysiert die politischen Folgen der unterlassenen „Vergangenheitsbewältigung":

Durch die unterlassene „Vergangenheitsbewältigung" wurde ein Geschichtsbild festgezurrt, wonach die Kriegsschuld eine Lüge der Siegermächte und Versailles ein unverdientes Strafgericht waren. Die Kriegsunschuld-Legende verband sich dabei mit der Dolchstoßlegende, und diese beiden Zwillingslegenden wurden in den Händen der Republikgegner zu einer gefährlichen Waffe gegen die Demokratie. Die Republik erschien so als ephemeres [kurzes] Notinstitut. Infolge der Vergangenheitsorientierung zielte deutsche Revisionspolitik, sofern sie von Seiten der Rechten kam, immer auch auf eine innenpolitische Restauration oder einen Aufbruch zu neuen antiparlamentarischen Ufern. Die Weimarer Verfassungsparteien verkannten diesen Zusammenhang. Schließlich hatte die 1921 unter der Ägide [Schirm] des Auswärtigen Amtes gegründete „Zentralstelle für die Erforschung der Kriegsursachen" keinen anderen Zweck, als eine staatliche Geschichtspropaganda zu betreiben, die Kriegsschuldthese zurückzuweisen und die außenpolitischen Revisionsziele zu untermauern.

Das Kriegserlebnis in einem Krieg, der dem Deutschen Reich angeblich von außen aufgezwungen worden war, stieg in der Folgezeit zu einem Leitmotiv der antidemokratischen Rechten auf. Ihnen galt das Kriegserlebnis als die Geburtsstunde eines neuen Nationalismus. Noch am Ende der zwanziger Jahre hatten die Legenden nichts von ihrer Kraft verloren. Der pazifistische Roman von Erich Maria Remarque „Im Westen nichts Neues", der den Barbarismus und die Unmenschlichkeit des Krieges schilderte, löste als Gegenreaktion um 1928 herum eine Welle an Kriegsliteratur aus. Die rechten Kritiker sahen in dem Buch das „Kriegserlebnis eines Untermenschen", das Buch atme den fatalen „Geist der Niederlage". Für die völkischen Nationalisten, die sich immer mehr Gehör verschaffen konnten, war der Frontkämpfer der Gegensatz des liberalen Demokraten, der Krieger stand der Krämernatur gegenüber. Unmöglich war es für sie, die Revolution und den aus ihr hervorgegangenen Staat zu bejahen. In der Weimarer Demokratie erkannten die antiliberalen, antiwestlichen und antisemitischen Rechten nur ein Geschöpf der abtrünnigen Heimat. „Die Revolution von 1918", so hieß es in einem der Pamphlete aus dem Umfeld des „Stahlhelm", „war das Brodeln jenes Abschaums der Nation, der im Läuterungsbade des Weltkrieges durch seinen Mangel an männlicher und völkischer Substanz an die Oberfläche getrieben worden war".

E. Wolfrum, Geschichte als Waffe, Göttingen 2001, S. 30 f.

M 6 Verklärung des Krieges

Der Historiker Hans-Ulrich Wehler beschreibt die gesteigerte Nachfrage nach Kriegsliteratur:

Die Verklärung des Krieges setzte allerdings unmittelbar mit dem Beginn der Friedenszeit ein. In seinem Fronttagebuch „In Stahlgewittern" pries Ernst Jünger, der einzige mit dem Orden Pour le mérite dekorierte Infanterieleutnant, schon 1920 den Krieg als „männliche Tat". Nachdem seine Generation vor 1914 einen wahren „Heißhunger nach dem Außergewöhnlichen" verspürt habe, sei ihr das „fröhliche Schützengefecht auf blumigen, blutbedeckten Wiesen" beschert worden. Doch jedes bestätigende Echo aus dem Lesepublikum blieb vorerst aus. Überhaupt hielten sich der Ausstoß an Kriegsbüchern und die Nachfrage nach ihnen in engen Grenzen. Von 1918 bis 1928 kamen nicht mehr als jährlich zehn Bände heraus. Dann jedoch schnellten die Zahlen in die Höhe: 1929, 1931, 1932 wurden jeweils 300 Kriegsbücher veröffentlicht, womit selbst das kriegsselige Jahr 1915 übertroffen wurde, und 1930 waren es sogar 400. Die Auflagen von Jüngers Büchern schossen jetzt hoch: Zehn Jahre nach dem Erstdruck erreichten die „Stahlgewitter" die 13. Auflage (1986 die 30!). Eine wahre Spezialliteratur, die Kriegsromane des „soldatischen Nationalismus", erlebte ihre Blütezeit. Jünger blieb ihr unbestrittener Wortführer, die Verlogenheit seines „Kampfes als inneres Erlebnis" unübertroffen. Doch neben ihm erreichte ein Schriftsteller wie Werner Beumelburg mit seinen Romanen „Sperr-

feuer um Deutschland" und „Gruppe Rosenmüller" immerhin auch einen Absatz von 150 000 Exemplaren. Franz Schauwecker und Ernst v. Salomon fanden dasselbe Publikum, und Edwin Dwinger stilisierte seine Russlanderfahrungen zum künftigen Großkonflikt „Zwischen Weiß und Rot". Diesen Bellizisten [Kriegsbefürwortern] gelang es, die Bundeszeitung des „Stahlhelms" zum Sprachrohr ihres „soldatischen Nationalismus" und einer unverhohlenen Einstimmung auf den unvermeidlichen Revanchekrieg zu machen. Um ihn vorzubereiten, forderten sie die „nationale Diktatur" im künftigen „Staat der Frontsoldaten", der nach dem Vorbild der unerträglich idealisierten „Schützengrabengemeinschaft" die kriegswillige Einheit der „Nation in Waffen" verkörpern sollte.
Als Gegengewicht zu diesem publizistischen Erfolg lässt sich die erstaunliche Karriere von Erich Remarques Antikriegsroman „Im Westen nichts Neues", von dem in den ersten zwei Jahren bereits drei Millionen Exemplare verkauft wurden, nicht übersehen. Doch als der Bestseller in Hollywood verfilmt wurde und der Film 1930 in Berlin anlaufen sollte, brach ein Sturm nationalistischer Entrüstung los, bei dem sich nicht nur die SA als aggressiver Störenfried, sondern auch Reichskanzler Brüning als ehemaliger Freikorpskämpfer mit seiner Billigung des Verbots hervortat.
Der Parallelerfolg wirkungsvoller Kriegskritik zum einen und heroisierender Kriegsverherrlichung zum anderen rührte wahrscheinlich aus der Existenz ganz unterschiedlicher Öffentlichkeiten mit jeweils eigenem Lesepublikum her. Beumelburgs Leser werden Remarque nicht verschlungen haben, und Remarques Leser waren vorher keine Jünger-Fans. Das eigentlich erklärungsbedürftige Phänomen liegt darin, dass der „soldatische Nationalismus" erst seit 1928/29 solche Furore machte, dass auch jetzt erst der Mythos vom 1918 abgewiesenen heimkehrenden Helden sich mit der Dolchstoßlegende und dem Hass auf die Republik verband, dass immer mehr junge Männer ohne Kriegserfahrung in die paramilitärischen Verbände strömten.
Sieht man einmal von den Freikorpskämpfern ab, die den Krieg in die Innenpolitik hinein verlängerten, scheint die Mehrheit der Kriegsteilnehmer erst einmal einer Distanz zu dem großen Massaker bedurft zu haben, um die erlittenen Traumata beherrschen zu können. Erst nach gehörigem Abstand konnten sie sich in Jüngers Stoßtrupp und Beumelburgs Grabenkämpfen wiedererkennen. Zehn Jahre nach dem Weltkrieg hatte sich zudem das nationalistische Ressentiment ob der demütigenden Niederlage im bürgerlichen Lesepublikum so tief eingefressen, dass es sich auch dem literarischen Revisionismus mit seinem geheimen Ziel eines siegreichen Revanchekrieges weiter öffnete. In den geburtenstarken Jahrgängen von 1900 bis 1910 breitete sich unterdessen das Gefühl aus, um das „Stahlbad" der Fronterfahrung betrogen worden zu sein. Die einen flüchteten in das virtuelle Nacherleben, das ihnen die Kriegsschriftsteller boten; die anderen suchten eine Kompensation in der Gewaltsamkeit des Bürgerkriegs, wenn die bewaffneten Privatarmeen aufeinandertrafen. Es sind dieser Umschwung in der Kollektivpsyche und diese Mobilisierung innerhalb der jüngeren Generationen, die dann von der NSDAP als Verkörperung jugendlicher Dynamik und als Protestbewegung, die gegen die Kriegsfolgen aufbegehrte, seit 1929 ebenso geschickt wie skrupellos ausgenutzt werden konnten.

H.-U. Wehler, Deutsche Gesellschaftsgeschichte Bd. 4, 1914–1949, München 2003, S. 413 f.

M 7 Perspektive der Reichswehr

Aus einer Denkschrift des Chefs des Heerespersonalamtes, General Joachim von Stülpnagel (1926):

Es ist überflüssig, gerade angesichts der Nachkriegspolitik zu begründen, wie nötig die deutsche Politik eines Rückhaltes durch militärische Machtmittel bedarf. Ebenso klar ist es, dass es sich zunächst dabei nur um die Wiederherstellung eines gesunden Zahlenverhältnisses zu dem Rüstungsstande vor allem unserer Nachbarn und nicht um eine deutsche Aufrüstung schlechthin zu handeln braucht.
Nächste Ziele der allgemeinen deutschen Politik: Das nächste Ziel deutscher Politik muss die Wiedergewinnung der vollen Souveränität über das Deutschland verbliebene Gebiet, die feste Verschmelzung der ihm z. Z. entzogenen deutschen Gebietsteile und die Wiederangliederung der für das deutsche Wirtschaftsleben unentbehrlichen Teile sein, das heißt

1. Befreiung des Rheinlandes und des Saargebietes,
2. Beseitigung des Korridors und Wiedergewinnung Polnisch-Oberschlesiens,
3. Anschluss Deutsch-Österreichs,
4. Beseitigung der entmilitarisierten Zone.

Diese nächsten politischen Ziele bringen vor allem Auseinandersetzungen mit Frankreich und Belgien und dem von ihm abhängigen Polen, dann mit der Tschechoslowakei und endlich auch mit Italien. Es kann kein Zweifel sein, dass die politische und militärische Macht Polens und insbesondere der Tschechoslowakei allein auf der militärischen Hilfe Frankreichs basiert ist.

Zit. nach: W. Michalka, G. Niedhart (Hg.), Die ungeliebte Republik, München 1980, S. 178.

M 8 Zukünftige Außenpolitik Deutschlands

In einer dem Reichsaußenminister Constantin Frhr. von Neurath (1873–1956) vorgelegten Denkschrift bilanziert der Staatssekretär des Auswärtigen Amtes, Bernhard von Bülow (1885–1936), Stationen und Ergebnisse der Weimarer Revisionspolitik und skizziert im Anschluss daran Aufgaben und Perspektiven künftiger Außenpolitik (13.3.1933):

1. Allgemeines

Die Ziele der deutschen Außenpolitik werden in erster Linie durch den Versailler Vertrag bestimmt. Seine Revision, die vitalste Aufgabe Deutschlands, beansprucht den größten Teil der verfügbaren Energien. Die weitere Aufgabe, auch auf anderen Gebieten aus den fortschreitenden Veränderungen in Europa und in der Welt überhaupt Vorteile für Deutschland herauszuschlagen, muss neben der Revision von Versailles an die zweite Stelle treten. [...]

II. Die Durchführung der Revision von Versailles

Zur Revision von Versailles ist in den vergangenen Jahren der Angriff auf einen Punkt nach dem anderen gerichtet worden (französische Artischockentheorie). Man wird in der Tat nicht in Abrede stellen können, dass die gleichzeitige Verfolgung mehrerer Ziele oder gar der Versuch einer Gesamtrevision die Gefahr eines totalen Misserfolgs mit sich gebracht haben würde (Beispiele: die Nichterreichung der sofortigen Rheinlandräumung in Locarno, die Saarbefreiung im Haag). Auch in Zukunft werden wir, jedenfalls bis auf weiteres, die Methode der Einzelrevision befolgen müssen, wenn nicht unverhoffte Konstellationen einen anderen Weg ermöglichen sollten. [...] Um die Revision mit dem bestmöglichen Ergebnis und mit den geringstmöglichen Opfern durchzuführen, werden wir für den einzelnen Revisionsakt jeweils den außenpolitisch günstigsten Zeitpunkt zu wählen haben. [...]

Die Frage der territorialen Grenzrevision wird in konkreter offizieller Form zweckmäßig nicht angeschnitten, solange Deutschland nicht militärisch, finanziell und wirtschaftlich genügend gefestigt ist und insbesondere die Abrüstungsfrage ihre Erledigung gefunden hat. Bis dahin wird – wie bisher – die territoriale Neuregelung durch Propaganda im Auslande (auf der Basis der Wilson-Punkte, des Betruges von Versailles) vorzubereiten sein. Das Festhalten an den Wilson-Punkten ist dabei wesentlich, weil die Gegenpropaganda recht erfolgreich mit der angeblichen Uferlosigkeit unserer Forderungen operiert. Außerdem müssen die politischen, wirtschaftlichen und kulturellen Positionen des Deutschtums in den abgetretenen Gebieten gehalten werden, auch wenn hierzu große finanzielle Opfer notwendig werden sollten. Auch bei einer solchen abwartenden Haltung müssen wir aber selbstverständlich stets darauf vorbereitet sein, dass die territorialen Fragen, vor allem das Ostproblem, eines Tages durch die Entwicklung der Dinge, wie z.B. durch ernste Komplikationen zwischen Danzig und Polen, von selbst zur Entscheidung gestellt werden.

Das Hauptziel der territorialen Revision bleibt die Umgestaltung der Ostgrenze, wobei die Wiedergewinnung sämtlicher in Frage kommenden polnischen Gebiete gleichzeitig anzustreben und Teil- oder Zwischenlösungen abzulehnen sind (nur noch eine Teilung Polens). Wissenschaftliche Vorarbeiten in Bezug auf ethnografische, geologische, verkehrspolitische usw. Grenzziehung sind weit gediehen. Dagegen ist die Frage, wie der agrarische Überschuss dieser Gebiete künftig einmal von uns absorbiert werden soll, noch ungeklärt.

Danzig stellt für uns nur einen Teil des Korridorproblems dar. Jede Sonderlösung für Danzig allein ist abzulehnen, weil das Gesamtziel kompromittiert [gefährdet] würde. [...]

Eine Verständigung mit Polen ist weder möglich noch erwünscht. Ein gewisses Maß deutsch-polnischer Spannung müssen wir erhalten, um die übrige Welt für unsere Revisionsforderungen zu interessieren und um Polen politisch und wirtschaftlich niederzuhalten. Die Situation ist aber keineswegs ohne Gefahren, da die derzeitige Polnische Regierung in Erkenntnis, dass sich ihre Aussichten mit fortschreitender Erstarkung Deutschlands verschlechtern und Frankreichs Bündnisfreudigkeit nachlassen könnte, augenscheinlich mit dem Gedanken an einen Präventivkrieg spielt. Letzter Anlass hierfür sind naturgemäß unsere territorialen Forderungen. Deshalb wird es nicht zu vermeiden sein, diese für einige Zeit in der öffentlichen Diskussion etwas zurücktreten zu lassen. Besondere Sorgen und sehr erhebliche Kosten bereitet uns die Erhaltung des Deutschtums in Polen, insbesondere in Oberschlesien, sowie in Danzig [...].

Zit. nach: W. Michalka (Bearbeiter), Der Nationalsozialismus, Paderborn 1987, S. 63 ff.

1.3 Formen des Erinnerns und Gedenkens

Thematische Struktur und didaktische Orientierung

Jedes Volk besitzt eine ihm eigene Erinnerungsgeschichte. Natürlich hat sich in der Vergangenheit ungleich mehr ereignet, als die heutige Erinnerung hergibt. Ereignisse werden nur dann Teil der Erinnerungskultur, wenn sie in diese aufgenommen werden.

Erinnerungskultur

Diese Erinnerungskultur funktioniert wie ein Filter, der das durchlässt, was als wesentlich und wichtig erachtet wird. Die Erinnerungskultur zeigt sich auf vielfältige Weise:

- Gedenktage, z. B. der Staatsgründung, Geburtstage von Staatsoberhäuptern und Königen, Schlachten, Revolutionen,
- Gedenkfeiern und Rituale, z. B. festliche Ansprachen, Kranzniederlegungen, Militärparaden,
- Denkmäler, z. B. für Kriegshelden, Staatsgründer,
- Symbole, z. B. Fahnen, Wappen,
- Hymnen, z. B. Nationalhymnen, Lieder,
- Museen und Ausstellungen, z. B. Haus der Geschichte, Deutsches Historisches Museum,
- auch Bücher, Fernseh- und Radiosendungen und nicht zuletzt die Geschichtslehre an Schulen und Universitäten sind prägende Bestandteile der Erinnerungskultur.

Offenkundig erfüllt die kollektive Erinnerung ein menschliches und gesellschaftliches Bedürfnis nach Orientierung in einer oft undurchschaubaren Welt. Von staatlicher Seite dienen Feiern und Gedenken dazu, die Loyalität der Bürger zum Staat zu sichern und die Integration zu fördern.

Die Bildung eines kollektiven Gedächtnisses ist ein höchst komplexer Vorgang. In Demokratien mit ihrer freiheitlichen und pluralistischen Ordnung ist das kollektive Gedächtnis das Ergebnis eines öffentlichen Gedankenaustausches, an dem viele Personen und Institutionen beteiligt sind: Regierungen, Kultusbürokratien, Schulen, Universitäten, Parteien, Interessengruppen und die Medien.

Das Ringen um eine angemessene Erinnerung wird in der Demokratie von einer kritischen Öffentlichkeit begleitet. Das kollektive Geschichtsbild ist also immer eine Konstruktion, die aus dem Blickwinkel der Gegenwart vorgenommen wird. In ihm spiegelt sich wider, was eine freie und offene Gesellschaft in einem bestimmten Zeitpunkt für wichtig hält. Folglich ist das Geschichtsbild auch nicht ein für alle Mal festgelegt. Vielmehr unterliegt es einem Wandel, der mit gesellschaftlichen und politischen Veränderungen einhergeht. So versteht es sich fast von selbst, dass nach 1945 das bis dahin gültige nationalsozialistische Geschichtsverständnis korrigiert wurde.

Während Demokratien eine oft heftig diskutierte Erinnerungskultur besitzen, ergibt sich für Diktaturen jedweder Art ein völlig anderes Bild. Diese versuchen die Erinnerung einseitig im Sinne der Staatsideologie zu beeinflussen. Dabei sind die Grenzen zur reinen Propaganda fließend. Das dann vorherrschende Geschichtsbild ist das Ergebnis von Indoktrination. Es wird „von oben" aufgezwungen und dient der Machtfestigung. Diese Zusammenhänge lassen sich epochenübergreifend feststellen. Unliebsame Erinnerungen werden systematisch ausgelöscht. Die Zensur verhindert Publikationen, die nicht ins Bild passen. Oder der Staat untersagt die Erwähnung von bestimmten

Personen. Bereits im Römischen Reich gab es das Instrument der „damnatio memoriae“, sinngemäß also der Auslöschung der Erinnerung. Sie gipfelte in der Vernichtung von Schriften, im Wegkratzen des Namens (vom Pergament) oder im Einschmelzen von Münzen, die das Antlitz des Betreffenden trugen.

Totengedenken

Die Weimarer Republik scheiterte mit dem Versuch, das Totengedenken im Sinne einer Aussöhnung mit der Republik zu begehen. Der Memorialkult geriet zu einer Domäne radikalnationalistischer Kreise. Der NS-Staat schuf schließlich einen Totenkult, bei dem sich Religion und Politik auf Engste verbanden. Jährlich zelebrierten die Nationalsozialisten zum Beispiel jeweils am 9. November in München eine Feier für die „Märtyrer der Bewegung“. Den 1926 eingeführten „Volkstrauertag“ zur Erinnerung an die Toten des Ersten Weltkriegs benannten die Machthaber im Sinne der NS-Ideologie „Heldengedenktag“ (1934). In der Bundesrepublik wurde der „Volkstrauertag“ 1952 offiziell wieder eingeführt. Er gilt dem Gedenken der Gefallenen beider Weltkriege und der Opfer des Nationalsozialismus.

Geschichtsbild

Die Deutschen haben im 20. Jahrhundert zweimal die Erfahrung gemacht, was es heißt, in Diktaturen zu leben. Sowohl die nationalsozialistische Diktatur (1933–1945) als auch die kommunistische Herrschaft in Ostdeutschland (1945–1989) vermittelten ein höchst einseitiges Geschichtsbild, das der jeweiligen Staatsideologie entsprach.

Jeder historische Wechsel des Regierungssystems, zum Beispiel von der Monarchie zur Republik oder von der Diktatur zur Demokratie, ist mit einen Bruch der Erinnerungskultur verbunden. Der Wandel bezieht sich in der Regel nicht auf tatsächliche Ereignisse, also auf die Fakten, sondern darauf, wie diese bewertet werden. Am Beispiel des 8. Mai 1945 kann dargestellt werden, wie die neue Werteordnung das historische Gedächtnis beeinflusst. Die damaligen deutschen Zeitgenossen haben in ihrer großen Mehrheit diesen Tag als Niederlage, teils auch als persönliche Katastrophe wahrgenommen. Aber im Verlauf des folgenden halben Jahrhunderts – in der Zeitspanne von zwei Generationen – hat sich die Perspektive erheblich verschoben. Langsam, aber kontinuierlich ist der Anteil jener Menschen gewachsen, die den 8. Mai als Tag der Befreiung und des (erfolgreichen) Neubeginns sehen. Dies ist auch das Ergebnis der gelungenen Integration Deutschlands in die europäisch-westliche Völkergemeinschaft. Die Art, wie wir unsere Vergangenheit erinnern, spiegelt ein Verständnis der Gegenwart wider und beinhaltet – im günstigsten Fall – ein Lernen aus der Geschichte. Der hohe Wert, den die westliche Zivilisation den Menschenrechten beimisst, resultiert aus der Erfahrung, wie diese Menschenrechte in der Vergangenheit verletzt worden sind. Der Rückblick auf die Fehlentwicklungen im 20. Jahrhundert schärft die Wahrnehmung der Deutschen, zu deren historisches Erbe das Abgleiten in die totalitäre Herrschaft gehört. Die Erfahrungen mit zwei Diktaturen im 20. Jahrhundert machen Deutschland zu einem „schwierigen Vaterland“. Diese geschichtlichen Hypotheken lassen eine Idealisierung der Vergangenheit nicht zu. Die deutsche Gedächtniskultur ist unauflöslich insbesondere mit den nationalsozialistischen Verbrechen verbunden. Der Zivilisationsbruch, der sich im Namen „Auschwitz“ verdichtet, prägt das Geschichtsbild vom 20. Jahrhundert. Am Beispiel des Holocaust, der Vernichtung der Juden, bewahrheitet sich der Satz von der „Geschichte, die nicht vergehen will“. Aus der historischen Schuldverstrickung erwächst Verantwortung für die Zukunft. In diesem Geist entstand im Zentrum von Berlin ein großflächiges Denkmal für die ermordeten Juden Europas.

Die Eigenart der deutschen Erinnerungskultur besteht darin, dass sie aus zwei Strängen besteht. Zum einen erinnern wir uns der Verbrechen und der Unfreiheit, die mit zwei Diktaturen zusammenhängen. Dazu zählen der Holocaust, rassistische Ausgrenzung, Kriegsverbrechen und Kriegsschuld. Auch millionenhafte Vertreibungen gehören dazu, bevor die Deutschen nach dem Zweiten Weltkrieg selbst Opfer der Vertreibungspolitik wurden. Zu diesem Teil der Erinnerungskultur zählen auch politische Verfolgungen, Mauerbau und Schießbefehl, die in der Verantwortung der DDR-Führung lagen.

Zum anderen erinnern wir uns an die demokratischen und humanen Traditionen, die es auch in der deutschen Geschichte gegeben hat. Diese reichen zurück auf die Aufklärung im 18. Jahrhundert, den Liberalismus im 19. Jahrhundert und setzen sich über die Revolution von 1848 (Paulskirche) bis zu den Demokraten der Weimarer Republik fort. Auch große Teile des Widerstands gegen die nationalsozialistische Unfreiheit gehören zu dieser Kette der kollektiven Erinnerung.

Thematische Aufbereitung in den HORIZONTEN

Das höchst komplexe Thema der historischen Erinnerung wird in den HORIZONTEN in verschiedenen Zusammenhängen dargeboten. In Band I ermöglichen die Kapitel 1.1 („Zugänge zur Geschichte“) und Kapitel 1.3 („Formen historischer Darstellung“) einen Einstieg. Hier befinden sich auch Verweise auf wichtige Kontroversen der Nachkriegszeit in der Bundesrepublik Deutschland.

Ganz direkt wird dieser thematische Schwerpunkt in den Fragen an die Geschichte: „Erinnern oder Vergessen?“ aufgegriffen (Seite 29-31).

Im weiteren Kontext der Aufgabenstellung bietet sich die Behandlung von verschiedenen Fragen an die Geschichte an:

„Welche Rolle spielt der Nationalismus in der Geschichte?“ (Bd. II, S. 85-87).

„Gibt es eine Kollektivschuld der Deutschen?“ (Bd. II, S. 354/355).

„Die DDR – ein Staat der Stasi?“ (Bd. II, S. 407–410).

M 1 Der „sterbende Häftling“
Plastik im ehemaligen Konzentrationslager Neuengamme in Hamburg, in dem während der Nationalsozialistischen Diktatur über 50 000 Menschen starben.

M 2 Langemarck-Feiern

Am 11. November 1914 haben angeblich junge deutsche Kriegsfreiwillige an der Front in Flandern den Opfertod gesucht. Daraus entwickelte sich in der Weimarer Republik ein Totengedenken:

1928, anlässlich des zehnten Jahrestags des Kriegsendes und der zunehmenden sozialen und politischen Polarisierung in Deutschland, durchbrach die Kriegserinnerung wie eine Flut alle Deiche [...]. Die ungeheure Konjunktur der Kriegserzählung ab 1928 brachte auch Langemarck wieder ins Zentrum des öffentlichen Interesses. Und bei den Gedenkfeiern vom November 1928 traten prominent die studentischen bzw. universitären Aktivitäten im Umkreis der Langemarck-Erinnerung in Erscheinung. Der 19. November 1928 wurde als „Langemarck-Tag" der deutschen Studentenschaft etabliert. In den Festansprachen etwa des Münchener Rektors Oswald Bumke wurde dementsprechend die studentische Tradition der Opferbereitschaft für das Vaterland hervorgehoben. [...]

War es diese „politische Leere", welche die geradezu bruchlose Überleitung des Langemarck-Gedenkens in den „Kult der toten Helden" des Nationalsozialismus ermöglichte? [...]

Hitler war selber ein „Flandern-Kämpfer" und unendlich stolz auf dieses Kriegserlebnis. An den Auszeichnungen, die er erhalten hatte, „klebt der Schmutz von Frankreich und der Schlamm von Flandern und mein eigenes Blut dazu", sagte er auf einer NSDAP-Versammlung im Jahre 1922. Und ebenfalls 1922 äußerte er programmatisch, was nach der Machtergreifung im Hinblick auf Langemarck dann schließlich auch inszeniert wurde: „Wie junge Regimenter 1914 in Flandern die Brust den tödlichen Kugeln boten – für Deutschland, ganz allein für Deutschland –, so brauchen wir dieselbe Jugend für die Reinigung unseres Volkes im Innern [...]".

Gleichzeitig aber war für Hitler und seine Bewegung Langemarck Menetekel [drohendes Zeichen] des alten Systems, Beweis für dessen Versagen vor dem Krieg, Anklage der alten militärischen Führung. Beim Volksgerichtsprozess nach dem Hitler-Putsch äußerte er sich hierzu sehr deutlich: „Da stehen auf 350 000 junge, 17-, 18-, 19jährige Knaben, die einst 1914 hinausgezogen sind und mit dem Deutschland-Lied auf den Lippen in Flandern in den Tod hineingingen. Die stehen auf als Ankläger: Ihr seid die Schuld [sic!], ihr habt uns einst nicht ausbilden lassen, da liegen wir nun in Reihen niedergemäht als Opfer eines Verbrechens."

Gerade die Mehrdeutigkeit Langemarcks als „Verbrechen" und als reines „Opfer" bei gleichzeitiger „politischer Leere" machte eine nahezu beliebige kulturpolitische Besetzung des Themas möglich. Die Nationalsozialisten machten sich das konsequent zunutze und den bürgerlich-studentischen Kult zu dem ihren. Kaum eine andere Nahtstelle zwischen bürgerlicher Gesellschaft und nationalsozialistischer „Revolution" ist so eng wie die gemeinsame Evozierung [Erweckung] von Weltkriegsvermächtnis und Aufbau eines neuen „Reiches" aus den Trümmern der Niederlage von 1918, der „Schmach von Versailles" und den Ruinen der verachteten Republik.

Tatsächlich haben sich die Tonart des Langemarck-Gedenkens und die emblematischen [sinnbildhaften] Inhalte der Feiern und Gedenkreden in den Jahren 1929 bis 1940 nicht signifikant verändert, wie Überblicke über studentische und schulische Inszenierungen des Ereignisses zeigen. Die große Langemarck-Demonstration der deutschen Studentenschaft im Berliner Sportpalast von 1929 soll 15 000 Teilnehmer gehabt haben, die Einweihung der seit 1928 unternommenen Umgestaltung des Soldatenfriedhofs in Langemarck durch die Studentenschaft erfolgte im Jahre 1932. Das nach der „Machtergreifung" 1933 herausgegebene Langemarck-Buch der deutschen Studentenschaft oder Stellungnahmen von Nazi-Führern wie Göring oder Baldur von Schirach wiesen in dieselbe Richtung. In all diesen Evozierungen des Langemarck-Mythos ist eigentlich nie spezifische NS-Ideologie dominant. Antisemitismus, Anti-Marxismus, Rassenideologie, Blut und Boden oder neue Raumordnung sind in dieses Ereignis nicht einpflanzbar gewesen. „Langemarck" blieb ein Wort, das mit „Deutschland, Deutschland, über alles" ineins klang, und hierüber konnten sich alle „Patrioten" verständigen.

G. Krumeich, Langemarck, in: E. François, H. Schulze (Hg.), Deutsche Erinnerungsorte, Bd. 3, München 2001, S. 307 f.

M 3 Rituale

Während des „Dritten Reiches" veranstaltete Hitler jedes Jahr am 9. November in München eine Totengedenkfeier. Der Literaturwissenschaftlicher Klaus Vondung beschreibt die Inszenierung:

Das Ritual des 9. November bestand in einer feierlichen Wiederholung der Ereignisse von 1923, nämlich des Marschs der „alten Kämpfer" vom Bürgerbräukeller zur Feldherrnhalle. 1935 erreichte dieses Ritual seinen Höhepunkt an düsterer und weihevoller Großartigkeit, da in diesem Jahr am Vorabend des Gedenktags die exhumierten Leichen der sechzehn „Blutzeugen“ in der Feldherrnhalle aufgebahrt worden waren. Am 9. November sollten sie in die neuerbauten „Ehrentempel“ am Königsplatz überführt werden. Abgesehen von dieser Überführung verliefen die Feierlichkeiten in den folgenden Jahren wie an diesem 9. November 1935.

Am späten Vormittag stellte sich der „Traditionszug“ im historischen Kostüm am Bürgerbräukeller auf. Hitler hatte einen „Blutorden“ gestiftet, dem die Überlebenden des Putsches angehörten. Vor diesen „alten Kämpfern mit Blutorden“ marschierte die „Führergruppe“ mit der „Blutfahne“ von 1923, hinter den Blutordensträgern kamen die übrigen Größen der Partei. Die Marschroute zur Feldherrnhalle wurde gesäumt von zweihundertvierzig Pylonen, von denen jede den Namen eines „Gefallenen der Bewegung“ trug. Die Namen wurden ausgerufen, sobald die Spitze des Zuges eine Pylone erreichte. Ununterbrochen ertönte durch Lautsprecher das Horst-Wessel-Lied. Als der Zug an der Feldherrnhalle anlangte, fielen sechzehn Kanonenschüsse, die sechzehn tödlichen Schüsse von 1923 wieder vergegenwärtigend. Während Hitler einen Kranz an der Gedenktafel niederlegte, wurden die Särge auf Lafetten geschoben. Das Lied vom guten Kameraden erklang, anschließend das Deutschlandlied, das immer lauter anschwellend den nun weitermarschierenden Zug bis zum Königsplatz begleitete. Dort wurden die Särge vor den beiden „Ehrentempeln“ abgestellt. Es folgte der „letzte Appell“; die Namen der sechzehn „Blutzeugen“ wurden einzeln aufgerufen, jedesmal antwortete die HJ im Chor mit „Hier!“ Nach jedem Aufruf fielen drei Salutschüsse, das Horst-Wessel-Lied wurde gespielt und die Särge in die „Ehrentempel“ getragen. Die „Blutzeugen der Bewegung“ bezogen die „ewige Wache“ für Deutschland. Der Badenweiler-Marsch und das mit voller Lautstärke gespielte Deutschlandlied beschlossen die Feierstunde.

K. Vondung, Revolution als Ritual. Der Mythos des Nationalsozialismus, in: D. Harth, J. Assmann (Hg.), Revolution und Mythos, Frankfurt/M. 1992, S. 209 f.

M 4

Gedenktage (Auswahl)

a) Kaiserreich:
18. Januar (1871): Reichsgründung
2. September (1870): Siegreiche Schlacht bei Sedan

b) Weimarer Republik:
11. August (1919): Inkrafttreten der Weimarer Verfassung (erst seit 1921 gefeiert)

c) „Drittes Reich“:
30. Januar (1933): „Tag der Machtergreifung“
20. April (1889): „Geburtstag des Führers“
9. November (1923): „Gedenktag für die Gefallenen der Bewegung“

d) Bundesrepublik Deutschland:
17. Juni (1953): Volksaufstand in der DDR; „Tag der deutschen Einheit“
24. Mai (1949): Inkrafttreten des Grundgesetzes
20. Juli (1944): Gedenken an den Widerstand gegen den Nationalsozialismus

e) Deutsche Demokratische Republik:
15. Januar (1919): Gedenken an die Ermordung von Rosa Luxemburg und Karl Liebknecht
7. Oktober (1949): Gründung der DDR
7. November (1917): „Tag der Großen Sozialistischen Oktoberrevolution“

f) Deutschland (nach der Wiedervereinigung):
27. Januar (1945): „Tag des Gedenkens an die Opfer des Nationalsozialismus“
3. Oktober (1990): Tag der deutschen Einheit

2. Die Spätantike als Epoche der europäischen Geschichte

Thematische Aufbereitung in den HORIZONTEN

Die Spätantike wird in den HORIZONTEN, Bd. I, behandelt. Wie jede historische Epoche, so besitzt auch die Spätantike eine Vor- und eine Nachgeschichte. Eine sinnvolle Beschäftigung setzt die Kenntnis der römischen Republik (Kapitel 3.1) sowie ihrer Krise (Kapitel 3.2) voraus. Der Übergang zur Monarchie sowie die frühe Kaiserzeit werden in Kapitel 3.3 behandelt. Die römische Zivilisation mit der besonderen Berücksichtigung des Christentums ist Gegenstand der Kapitel 3.4 und 3.5. Der „Untergang des weströmischen Reiches" (Kapitel 3.6) bildet den Abschluss der Epoche. Die anschließenden „Fragen an die Geschichte" greifen die faszinierende Problematik des Scheiterns großer Reiche auf. In diesem Zusammenhang wird ein analytischer Bogen geschlagen vom „Untergang des Römischen Reiches" bis zum Zerfall der Sowjetunion. Die Nachgeschichte der Spätantike mit ihrem Bezug zu den Merowingern und Karolingern kann mit Hilfe von Kapitel 4.2 bearbeitet werden. In Bezug auf den „Gang nach Canossa" kann vertiefend auf das Kapitel 4.6 zurückgegriffen werden. Dort finden sich sowohl Dokumente zum Investiturstreit als auch eine historische Einordnung der erwähnten „Konstantinischen Schenkung".

Chronologie

284–305	Diocletian
306–337	Constantin I. (ab 324 Alleinherrscher)
303	Beginn der Christenverfolgung
325	Konzil von Nicaea (Verurteilung des Arianismus)
330	Einweihung von Konstantinopel
378	Schlacht bei Adrianopel: Niederlage gegen die Westgoten
379–395	Theodosius I.
391	Verbot heidnischer Kulte
410	Plünderung Roms durch die Westgoten unter Alarich
451	Konzil von Chalkedon (Verurteilung des Monophysitismus); Schlacht auf den Katalaunischen Feldern: Sieg über die Hunnen
455	Plünderung Roms durch die Vandalen
476	Absetzung des weströmischen Kaisers Romulus Augustulus durch den Heermeister Odoaker
493–526	Theoderich: König der Ostgoten und Italiker
527–565	Justinian (Kaiser im Osten)
529	Schließung der Akademie in Athen
533	Eroberung des Vandalenreiches durch Ostrom
534	Publikation des „Codex Iustinianus"
535–552	Krieg gegen die Ostgoten: Rückeroberung Italiens

Zusätzliche weiterführende Literatur

Siehe auch HORIZONTE, Bd. I, Seite 426

- ***Hartwin Brandt,*** Das Ende der Antike, Geschichte des spätrömischen Reiches, München 2004
- ***Manfred Clauss (Hg.),*** Die römischen Kaiser, 55 historische Porträts von Caesar bis Justinian, München 2001

- ***Werner Dahlheim,*** Die Antike, Griechenland und Rom, Paderborn 2002
- ***Alexander Demandt,*** Geschichte der Spätantike, Das Römische Reich von Diocletian bis Justinian, München 1998
- ***Ingemar König,*** Kleine römische Geschichte, Stuttgart 2004

2.1 Zur Struktur des Imperium Romanum

Principat

Der Übergang von der römischen Republik zur Monarchie verbindet sich mit der Person Octavians, dem Sieger im Bürgerkrieg. Er setzte der Selbstzerfleischung der politischen Eliten Roms ein Ende und wurde darum als Retter des Vaterlandes gefeiert. Seine Maßnahmen zielten darauf ab, den Ausbruch eines neuen Bürgerkrieges zu verhindern. Er suchte den Ausgleich mit dem Senat und gab ihm formell die Macht zurück. Sein Programm hieß: „res publica restituta" – also die Wiederherstellung der republikanischen Staatsordnung. Octavian erhielt den Titel „Augustus" (der Erhabene) als Ehrenbezeichnung vom Senat zugesprochen. Er übernahm nicht nur verschiedene republikanische Amtsgewalten auf Lebenszeit (u.a. das prokonsularische Imperium und das Volkstribunat), Augustus bekam auch die unmittelbare Herrschaft über nicht befriedete Provinzen (Gallien, Spanien, Syrien, Ägypten) zugesprochen. Die Verfügung über das Staatsvermögen sicherte die Herrschaft auch finanziell ab. Er führte den inoffiziellen Titel „Princeps", also erster Bürger, was seine Stellung in der von ihm geschaffenen neuen Ordnung nur unzureichend zur Geltung brachte. Seiner unzweifelhaften Autorität tat dies keinen Abbruch. Der „Principat" bezeichnet jene Epoche der römischen Kaiserzeit, die zumindest teilweise geprägt war durch die Kooperation des Kaisers mit den führenden Familien des Reiches. Der Princeps stand keineswegs über dem Gesetz. Man kann von einer Monarchie mit rechtlicher Bindung sprechen beziehungsweise von einem „Senatskaisertum".

M 1 Statue des Augustus
Die Statue zeigt Augustus als Opfernden. Das demütig verhüllte Haupt gehörte zum traditionellen Frömmigkeitsritus, 30/20 v. Chr.

Die tiefen Ursachen für den Übergang zur Monarchie lagen in einem strukturellen Missverhältnis. Aus den Anfängen des Stadtstaates war ein Imperium erwachsen, das unter anderem den gesamten Mittelmeerraum umfasste. Der Stadtstaat verfügte aber nicht über die angemessenen Institutionen, große Räume zu beherrschen. Die aristokratische Elite Roms allein vermochte nicht mehr die für das gesamte Reich notwendige Integration und Stabilität zu gewährleisten. Die Beherrschung eines Weltreiches verlangte den Aufbau umfänglicher Verwaltungen, die Romanisierung der Provinzen, die Konsolidierung der eroberten Gebiete und nicht zuletzt den Ausbau des kaiserlichen Hofes als integratives politisches Zentrum.

Adoptivkaisertum

Der Principat gewährleistete in den ersten beiden nachchristlichen Jahrhunderten eine stabile Ordnung. Allerdings trug der Principat in sich einen Keim des Scheiterns, weil es beim Tod des Kaisers keine verbindliche Nachfolgeregelung gab. Theoretisch sollte ein besonders befähigter Mann im Amt nachfolgen. Diese Idee spiegelt sich im Adoptivkaisertum wider. Also nicht eine verwandtschaftliche Beziehung sollte das Kaisertum begründen, sondern allein die Leistung. Insbesondere die Kaiser Nerva (96–98), Trajan (98–117), Hadrian (117–138) und Marc Aurel (161–180) gelten als gelungene Beispiele für das Adoptivkaisertum.

Die weitere Entwicklung des Römischen Reiches sollte allerdings zeigen, dass das Modell des Adoptivkaisertums unrealistisch war. Sofern Söhne vorhanden waren, haben römische Kaiser immer wieder versucht, eine Erbmonarchie zu errichten. Ein immer größerer Einfluss wurde zudem von Seiten des Militärs ausgeübt. In letzter Konsequenz hat sich der Anspruch auf den Thron nicht gegen die Soldaten – insbesondere die Prätorianergarde in Rom – durchsetzen lassen.

Absolutismus

Die weitere Entwicklung veränderte die Kaiseridee. Das römische Kaisertum geriet immer mehr unter hellenistisch-orientalischen Einfluss. Der Princeps entrückte der bürgerlich-weltlichen Sphäre und wurde mit einem besonderem Nimbus (Heiligkeit) versehen. Die Historiker sprechen in diesem Zusammenhang von einer Sakralisierung des Kaisertums. Caligula (37–41) gilt als der erste Kaiser, der absolutistische Züge annahm. Domitian (81–96) versuchte, den Principat in eine autokratische Herrschaft umzuwandeln. Er verlangte als erster die später übliche Anrede „dominus et deus“ (Herr und Gott). Kaiser Commodus (180–192) bezeichnete sich als „lebenden Gott“. Das Programm einer gemeinsamen Herrschaftsausübung des Kaisers mit den im Senat vertretenen altadligen Würdenträgern trat in den Hintergrund. Der Adelsrat verlor immer mehr seine politische Macht, behielt aber seine kultische Funktion bei, die vor allem für die Beschaffung der Legitimität wichtig blieb. Auch das höchst angesehene Amt des Konsulats blieb formal erhalten und wurde oft von den Kaisern selbst bekleidet.

Sakralisierung

Die Herrschaft Diocletians (284–305) gilt allgemein als Zäsur. Diocletian steigerte die Sakralisierung des Kaisertums, was sich in der nun üblichen Anrede „dominus et deus“ verdichtete. Dem Ideal des Bürgerkaisers, wie es eigentlich dem Principat entsprach, stand nun das Gottkaisertum gegenüber. Seine Insignien bestanden im Purpurmantel, dem kaiserlichen Diadem (ursprünglich ein griechisches Siegeszeichen), Zepter und Globus (Symbol der Weltherrschaft). Den Untertanen wurde nunmehr ein Kniefall (griechisch Proskynese) abverlangt. Diese Form des römischen Kaisertums erhielt die Bezeichnung „Dominat“. Der Glaube an einen göttlichen Herrschaftsauftrag entwickelte sich im 4. Jahrhundert analog zum Bild von Christus als Weltherrscher. Der Kaiser regierte nach damaliger Auffassung das irdische Reich und war für das Wohlwollen der jenseitigen Mächte verantwortlich. Diese Mittlerfunktion knüpfte an die altrömische Tradition des Pontifex maximus (oberster Priester) an. Die Geschichtsschreibung des 19. Jahrhunderts definierte den Bruch mit der Tradition des Principats als Beginn der Spätantike.

Dominat

Diese Epoche umfasst ihr zufolge den Zeitraum zwischen dem Herrschaftsantritt Diocletians (284) und dem Tod Justinians (565). Die Spätantike wird primär unter dem Aspekt des Zerfalls des Imperium Romanum betrachtet. Aus einer anderen Perspektive ergibt sich eine Machtverschiebung zugunsten germanischer Staaten im Frühmittelalter sowie die Abtrennung Ostroms, das als Byzanz bis 1453 fortexistierte.

M 2 Römisches Kaisertum

Der britische Populärhistoriker Chris Scarre erklärt die Bedeutung der Kaisertitel:

Die griechischen und römischen Historiker sind nicht die einzige Quelle für unser Wissen über das römische Kaisertum. Zu den Zeugnissen gehören auch die kaiserlichen Titel, die auf Münzen und Inschriften erscheinen und wertvolle Aufschlüsse über die Chronologie der Regentschaft geben. Die Angabe des jeweiligen Regierungsjahrs oder eines Ehrentitels hilft bei der Datierung von Feldzügen und anderen historischen Ereignissen. [...] Zur Orientierung seien hier ihre wichtigsten Bestandteile und ihre Bedeutung erläutert.

Ein typischer Titel, in diesem Fall der des Kaisers Trajan, lautet wie folgt:

Imperator Caesar Divi Nervae Filius Nerva Traianus Optimus Augustus Germanicus Dacicius Parthicus, Pontifex maximus, Tribuniciae potestatis XXI, Imperator XIII, Consul VI, Pater patriae.

Die Reihenfolge der einzelnen Elemente weicht von Kaiser zu Kaiser ein wenig voneinander ab, manchmal auch schon in unterschiedlichen Inschriften ein und desselben Herrschers.

Imperator, das Wort mit dem die meisten Kaisertitel beginnen, war der traditionelle Ehrenname, der einem siegreichen römischen Feldherrn von seinen Soldaten verliehen wurde. Augustus war der erste, der ihn als ständigen Bestandteil des Namens trug, um seine einzigartige und unangefochtene militärische Autorität zu unterstreichen.

Caesar war ursprünglich der Familienname Julius Cäsars, den Augustus bei seiner Adoption annahm. Durch Adoption wurde er auch an Tiberius und Caligula weitergegeben. Später übernahmen ihn die Herrscher bei der Nachfolge oder der Ernennung zum Thronerben. Hatte der Name zunächst die Abstammung von Julius Cäsar signalisiert, so wandelte er sich zunehmend zur Amtsbezeichnung. Dies hatte bereits Tradition, als Diocletian eine Viererherrschaft aus zwei Großkaisern (Augusti) und zwei Herrschern minderen Ranges (Cäsaren) einführte.

Wendungen wie *Divi Nervae Filius* (Sohn des vergöttlichten Nerva) wurden von mehreren Kaisern gebraucht, um ihre Abkunft (leiblich, durch Adoption oder als frommer Wunsch) von einem – normalerweise nahen oder unmittelbaren – Vorgänger zu betonen, dessen man mit besonderem Respekt gedachte. Damit war vielfach eine politische Stellungnahme verbunden. Septimius Severus zum Beispiel nahm im Jahr 195 den Titel „Sohn des vergöttlichten Marcus" an und unterstrich damit seine Legitimität, obwohl es höchst unwahrscheinlich ist, dass ihn der fünfzehn Jahre zuvor verstorbene Mark Aurel je adoptiert hatte oder auch nur hätte.

Der Eigenname in unserem Beispiel ist *Nerva Traianus*, das heißt Kaiser Trajan; *Optimus* (der Beste) ist eine zusätzliche Ehrung für diesen Herrscher, der beim Senat in hohem Ansehen stand.

Der Titel *Augustus* folgt gewöhnlich direkt auf den Eigennamen. Dieser Titel wurde seinem ersten Träger bei der Verfassungsregelung von 27 v. Chr., nach dem Sieg von Actium, vom Senat verliehen. Augustus ist weit mehr als Caesar oder Imperator das römische Äquivalent zum deutschen Wort „Kaiser": Der „Augustus" war Kaiser von Rom.

Dem Augustus folgten die „Siegertitel", die besondere militärische Erfolge des jeweiligen Herrschers oder seiner Feldherren preisen. Dieser Brauch war seit Domitian üblich, der sich nach seinem Germanenfeldzug von 83 den Titel *Germanicus* zulegte. Bei späteren Kaisern wurde dieser Teil des Namens immer länger: Diocletian konnte nicht weniger als siebzehn Siegertitel in seiner offiziellen Liste vorweisen, Galerius fast dreißig.

Den Titel *Pontifex maximus* („oberster Priester") hatte Augustus beim Tod des Lepidus im Jahr 13 v. Chr. angenommen. Alle späteren Herrscher übernahmen ihn (zusammen mit dem entsprechenden Amt), und selbst die ersten christlichen Kaiser führten ihn noch im Namen, bis er schließlich von Gratian im Jahre 383 abgeschafft wurde.

Tribuniciae potestatis bezieht sich auf die tribunizische Amtsgewalt, die jedem Kaiser bei der Inthronisierung verliehen wurde. Sie gab dem Kaiser juristische Immunität und das Recht, den Senat einzuberufen, ihm Anträge zu unterbreiten und gegen Gesetze, Entscheidungen oder Maßnahmen anderer Würdenträger sein Veto einzulegen. Da dieses Amt alle zwölf Monate erneuert wurde – entweder zum Jahrestag der ersten Verleihung oder, wie seit Trajan gebräuchlich, am 10. Dezember –, erlaubt es die darauf folgende Ordnungsziffer, Münzen oder Inschriften präzise auf ein bestimmtes Jahr zu datieren. Im oben genannten Beispiel ist die Tribunatswürde des Kaisers zum 21. Mal am 10. Dezember 116 erneuert worden, acht Monate vor seinem Tod.

Imperator taucht in der Titulatur gegen Ende zum zweiten Mal auf, diesmal zusammen mit einer Nummer. Sie bezieht sich auf die wiederholten Akklamationen durch das Heer im Gefolge besonderer Siege. Es ist oft schwierig, den genauen Zeitpunkt zu bestimmen. Trajan wurde im Lauf seiner

Regierungszeit insgesamt dreizehnmal zum *Imperator* ausgerufen (einmal bei der Inthronisierung, sechsmal während der Kriege in Dakien und weitere sechsmal während der Partherkriege).

Konsul war der Titel der beiden alljährlich neu ernannten obersten Würdenträger der römischen Republik. In der Kaiserzeit behielten die Konsuln zwar noch einen Teil ihres Prestiges und einige offizielle Funktionen, aber wirkliche Macht besaßen sie nicht mehr, und so wurde dieses Amt oft als Belohnung an treue Anhänger vergeben. Das Interesse der Kaiser selbst am Konsulat war höchst unterschiedlich. Die meisten übten es im Jahr nach ihrer Thronbesteigung ein einziges Mal aus und verloren danach das Interesse an der Sache; Domitian andererseits fungierte in zehn seiner fünfzehn Amtsjahre zugleich als Konsul. Trajan wurde zum ersten Mal im Jahr 91 Konsul, noch vor seiner Inthronisierung, und dann noch fünfmal während seiner Regierungszeit.

Pater patriae war ein reiner Ehrentitel, der vom Senat zuerst 63 v. Chr. dem bedeutenden Staatsmann Cicero, später auch Julius Cäsar verliehen wurde. Augustus hielt wie die meisten seiner Nachfolger daran fest, und seit der Regierung des Pertinax wurde der Titel bei jeder neuen Inthronisierung automatisch zum Bestandteil des Namens. Zuvor konnte er erst nach einigen Amtsjahren erworben werden, und kurzlebige Herrscher wie Galba, Otho und Vitellius erhielten ihn nie.

Ch. Scarre, Die Römischen Kaiser, Herrscher und Dynastien von Augustus bis Konstantin, Düsseldorf 1996, S. 13.

M 3 Lex de imperio Vespasiani (69 n. Chr.)

Das oft als „Bestallungsgesetz" Kaiser Vespasians bezeichnete Dokument gilt als wichtigste Quelle für die verfassungsrechtliche Stellung des Princeps:

(§ 1) dass es ihm erlaubt sein solle, Verträge zu schließen, mit wem er wolle, so wie es dem vergöttlichten Aug(ustus), dem Ti(berius) Julius Caesar Aug(ustus) und Tiberius Claudius Caesar Aug(ustus) Germanicus erlaubt war;

(§ 2) dass es ihm erlaubt sein solle, eine Senatssitzung abzuhalten, einen Antrag zu stellen und Anträge zurückzuweisen, Senatsbeschlüsse durch Antrag und Abstimmung zu erhalten.

[...]

(§ 3) dass, wenn auf seinen Willen oder seine Ermächtigung oder seinen Befehl hin oder in seinem Auftrag oder in seiner Gegenwart eine Senatssitzung abgehalten wird, deren Beschluss in allen Dingen ebenso als Recht angesehen und eingehalten wird, wie wenn die Senatssitzung gemäß dem Gesetz einberufen und gehalten würde;

(§ 4) dass die Personen, die sich um ein Amt oder eine zivile oder militärische Amtsgewalt oder die Verwaltung eines Bereiches bewerben und die er dem Senat und dem römischen Volk offiziell empfiehlt und denen er eine mündliche Empfehlung gibt oder verspricht, bei allen Wahlversammlungen außer der Reihe berücksichtigt werden. [...]

(§ 6) dass er das Recht und die Vollmacht haben solle, alle Maßnahmen, die nach seiner Ansicht im Interesse des Staates liegen und der Erhabenheit der göttlichen, menschlichen, staatlichen und privaten Dinge angemessen sind, einzuleiten und zu treffen. [...]

(§ 7) dass von (der Beachtung) der Gesetze und Plebiszite, an die, wie schriftlich festgelegt, der vergöttlichte Aug(ustus) oder Tiberius Julius Caesar Aug(ustus) und Tiberius Claudius Caesar Aug(ustus) Germanicus nicht gebunden waren, der Imp(erator) Caesar Vespasianus entbunden sein solle und dass alles, was kraft eines Gesetzes oder Gesetzesantrags der vergöttlichte Aug(ustus) oder Tiberius Julius Caesar Aug(ustus) oder Tiberius Claudius Caesar Aug(ustus) Germanicus tun durften, dass dies alles dem Imp(erator) Caesar Vespasianus Aug(ustus) zu tun erlaubt sein solle [...].

Aus: K. Meister, Einführung in die Interpretation historischer Quellen, Schwerpunkt: Antike, Bd. 2, Rom, Paderborn 1999, S. 303 f.

M 4 Ausrufung eines neuen Kaisers

Der zeitgenössische Historiker Flavius Josephus (37–97?) beschreibt, wie Claudius im Jahre 41 von den Prätorianern zum Kaiser erhoben wird:

Während dies vor sich ging, wurde Claudius auf einmal aus seinem Hause hervorgeholt. Die Soldaten nämlich versammelten sich, berieten über die zu ergreifenden Maßregeln und fanden, dass eine Republik für so ausgedehnte Regierungsgeschäfte nicht genüge und auch nicht in ihrem Interesse liege. Wenn aber einer der Mächtigsten zum Alleinherrscher ausgerufen werde, würden sie erheblich dadurch benachteiligt sein, weil sie hierzu in keiner Weise ihre Hilfe gewährten. Da also noch keine bestimmte Entscheidung getroffen sei, werde es sich wohl am besten machen, wenn sie den Claudius zum Herrscher erwählten, der als Oheim des verstorbenen Caesar keinem Senator an edler Abstammung wie an Bildung etwas nachgebe. Von ihm könnten sie auch erwarten, dass er, wenn er den Thron bestiegen habe, sie für ihre Verdienste belohnen und beschenken werde. Kaum hatten sie diesen Entschluss gefasst, als sie auch sogleich zur Ausführung schritten, und so wurde Claudius von den Soldaten hervorgeholt.

Aus: P. Barceló, Altertum, Grundkurs Geschichte, Bd. 1, Königstein/Ts. 1982, S. 225.

M 5 Adoption des Trajan

Cassius Dio (160–235?), Mitglied des Senats und in den Jahren 205 und 229 Konsul, schrieb eine umfassende Geschichte Roms:

Da sich Nerva [Kaiser von 96 bis 98] seines hohen Alters wegen verachtet sah, stieg er auf das Capitol und verkündet feierlich:
„Zum Segen für Senat und Volk der Römer und für mich selbst! Ich nehme den Marcus Ulpius Nerva Traianus als Sohn an." Darauf ernannte er ihn im Senate zum Caesar und schrieb es ihm mit eigener Hand – jener war zu der Zeit Statthalter von Germanien. [...]
So wurde denn Traianus Caesar und danach Alleinherrscher (Kaiser), obwohl Nerva selbst Verwandte hatte. Denn er war nicht der Mann, der die Verwandtschaft höher gestellt hätte als das Wohl des Ganzen; auch dass Traianus ein Spanier war, kein Italiker, nicht einmal in Italien ansässig, war für ihn kein Grund, ihn geringer zu schätzen, wo doch bis dahin kein Ausländer die Macht über Rom besessen hatte; denn er war der Ansicht, man müsse auf den Wert eines Mannes schauen, aber nicht auf seinen Herkunftsort.

Aus: P. Barceló, a.a.O., S. 227.

M 6

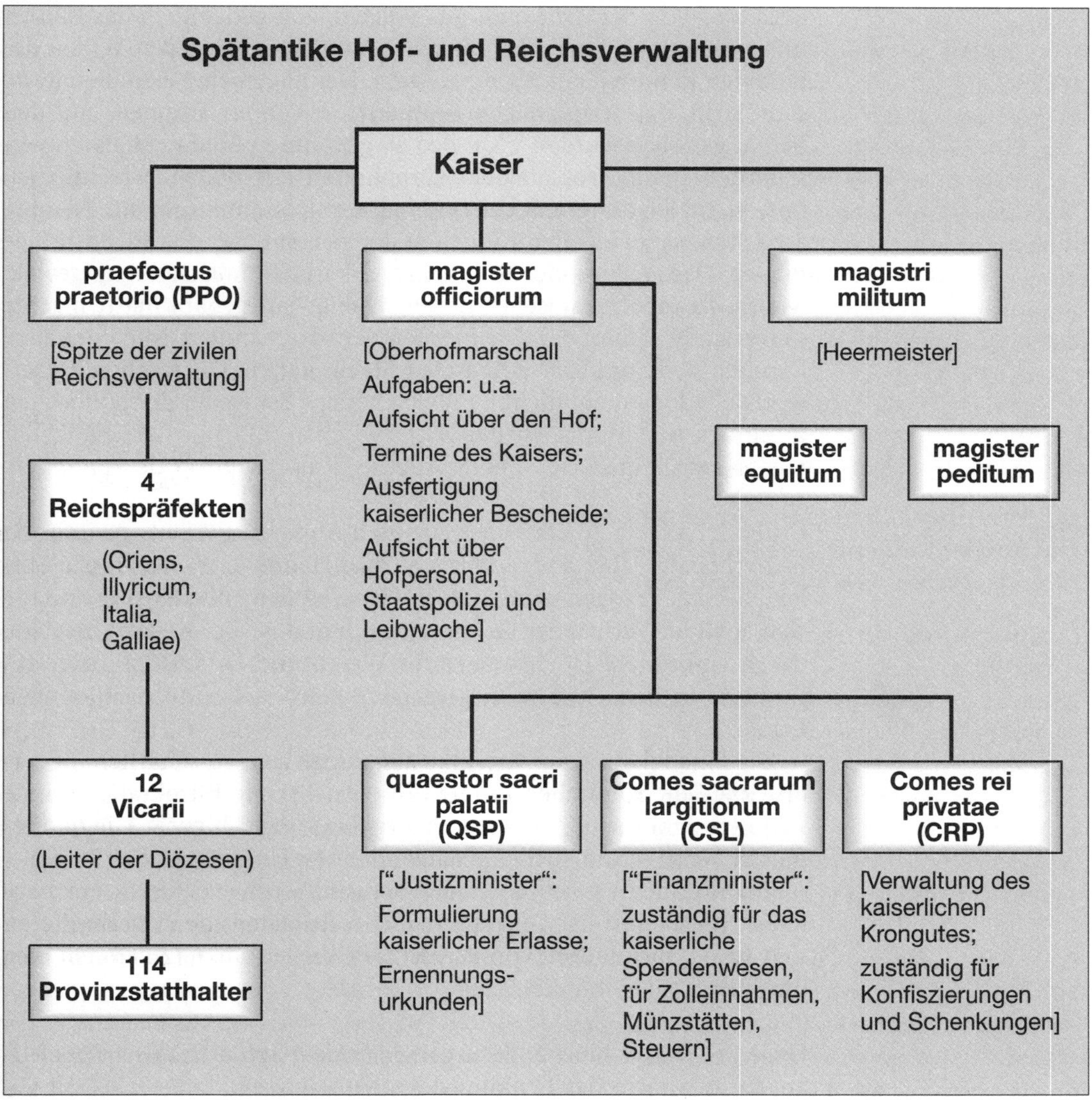

2.2 Die Krise des 3. Jahrhunderts

Die Krise des 3. Jahrhunderts betraf alle Bereiche des gesellschaftlichen Lebens, wobei die Ursachen in einem Wechselspiel zwischen äußeren und inneren Faktoren zu suchen sind. Nach zwei Jahrhunderten des Frieden und des Wohlstands geriet das Römische Reich in die Defensive. Es glich - vor allem zwischen 260 und 280 - einer „belagerten Festung“. Im Norden überschritten Alemannen und Franken die Rheingrenze. Im Nordosten musste die Provinz Dacia aufgegeben werden, damit in einer Art Frontverkürzung die Donaugrenze gehalten werden konnte. Im Osten gelang den persischen Sassaniden der Grenzdurchbruch am Euphrat. Die Gefangennahme des Kaisers Valerian durch die Perser (260) wurde allgemein als ein Tiefpunkt angesehen. In der Regierungszeit des Kaisers Aurelian (270–275) erhielt Rom eine Stadtmauer - ein Zeichen dafür, dass selbst im Kern des Imperiums die Sicherheit gefährdet erschien.

Soldatenkaiser

Angesichts der Bedrohung des Imperiums durch äußere Feinde wurde das Heer zum stärksten Machtfaktor im Staat. Der Bestand des Reiches hing von der Armee ab. Als Folge davon geriet auch das Kaisertum immer mehr unter militärischen Einfluss. Gegen den Willen der Soldaten konnte nicht regiert werden. Der allgemeine Zerfall äußerte sich darin, dass erfolgreiche Feldherrn von ihren Truppen „auf den Schild gehoben wurden“. Mit den so genannten Soldatenkaisern verschärfte sich das Problem der Usurpationen, also der widerrechtlichen und nicht legitimierten Übernahme der Regierungsgewalt. Kämpfe zwischen verschiedenen Einheiten der sich auflösenden Reichsarmee folgten. Das Fehlen einer allgemein anerkannten Entscheidungsgewalt, wie sie zu republikanischer Zeit der Senat innegehabt hatte, machte sich negativ bemerkbar. Die meisten der so genannten Soldatenkaiser konnten sich nur kurze Zeit an der Macht halten. Die raschen Kaiserwechsel bildeten ein nicht zu übersehendes Symptom der politischen Krise des Imperiums. In der Zeit zwischen 235 und 285 zählt der Historiker allein 26 legitimierte Augusti (Kaiser) und 41 Usurpationen.

Wirtschaftskrise

Unter der allgemein um sich greifenden Anarchie litt zwangsläufig die Sicherheit des Überlandverkehrs, so dass Handel und Gewerbe in Mitleidenschaft gezogen wurden. Der wirtschaftliche Niedergang drückte sich auch im Verlust der Geldwertstabilität aus. Der Kaiser versuchte durch verordnete Höchstpreise für Waren und Dienstleistungen das Problem in den Griff zu bekommen, allerdings ohne nachhaltigen Erfolg.

Die Finanzierung der Kriegskosten führte zum verschärften Steuerdruck auf die römischen Bürger. Eine wachsende Bürokratie erfasste sie unter dem Aspekt der steuerlichen Leistungsfähigkeit. Die ökonomische Krise führte auch zur schwindenden Finanzkraft der Städte.

Die allgemeine gesellschaftliche Verunsicherung verstärkte ein mentales Heilsbedürfnis. Unterschiedliche Erlösungsideen verbreiteten sich im 3. Jahrhundert, von denen das Christentum letztlich den Sieg davontrug (siehe Kapitel 2.3).

Tetrarchie

Gegen Ende des Jahrhunderts gelang es dem Soldatenkaiser Diocletian, die administrative Lenkung des Staates umzugestalten. Das mit seinem Namen verbundene Reformwerk konnte den Zerfall aufhalten und dem römischen Kaiserreich eine Stabilisierung verschaffen, die für ein knappes Jahrhundert andauerte.

Das von Diocletian entwickelte Modell der Tetrarchie – des Vierkaisertums – gehorchte den militärischen Erfordernissen der damaligen Zeit. Eine effektive Verteidigung des Reiches von einem fern liegenden Zentrum aus war offenkundig nicht mehr möglich. Das Modell sah eine kollegiale Herrschaftsausübung vor. Diocletian blieb im Osten, adoptierte für den Westen Maximilian als gleichberechtigten Mitkaiser (Augustus). Beide wiederum zogen untergeordnete Mitkaiser (Caesari) als designierte Nachfolger hinzu: Galerius im Osten und Constantius Chlorus („der Bleiche") im Westen. Die vierteilige Staatsspitze sicherte die Präsenz der Kaiser in allen Reichsteilen. Gleichzeitig sollte auf diese Weise den ständigen Usurpationen vorgebeugt werden. Die neuen kaiserlichen Residenzen wurden an die Peripherie des Reiches verlegt: Nicomedia (Diocletian), Mailand (Maximilian), Trier (Constantius Chlorus) und Serdica (Galerius). Rom blieb zwar Hauptstadt, verlor aber zusehends an politischer Bedeutung. In Bezug auf die diocletianische Tetrarchie handelt es sich *nicht* um eine Reichsteilung.

Die Herrschaft Diocletians zeichnete sich durch eine gesteigerte Prachtentfaltung am Hofe aus, die sich an hellenistisch-persischen Vorbildern orientierte. Mit seiner gottähnlichen Verehrung gilt Diocletian den Historikern als Begründer einer Herrschaftsform, die als Dominat bezeichnet wird.

M 1 Die Tetrarchen
Die Tetrarchie unter Diocletian als bildlich gestaltete Eintracht von vier Kaisern, Monument am Marcusdom in Venedig.

M 2 Goldmünze Diocletians
Diese Goldmünze wurde 286 geprägt. Die Inschrift auf der Vorderseite mit dem Abbild des Kaisers lautet:
IMP(erator) C(aius) DIOCLETIANUS P(ius) F(elix) AUG(ustus)
[=„Befehlshaber Gaius Diokletian heiliger glücklicher Kaiser".]
Auf der Rückseite ist der Gott Jupiter zu erkennen:
IOVI CONSERVATORI
[=„für den Bewahrer Jupiter"].

Der Abdankung Diocletians im Jahre 305 folgte ein zwanzigjähriger Bürgerkrieg. Das Modell der Tetrarchie scheiterte an der Wirklichkeit, weil es die leiblichen Söhne beziehungsweise die familiäre Tradition nicht berücksichtigte. Usurpationen bedrohten in der Nachfolge die Stabilität. So standen sich zum Beispiel im Jahre 310 insgesamt sieben Augusti gegenüber. Aus den Ausscheidungskämpfen um die Nachfolge ging der Sohn des Constantius letztlich als Sieger hervor. Dieser epochemachende Kaiser hieß Constantin – später der Große genannt. In seiner Regierungszeit (306–337) gelang es ihm, vorübergehend die Alleinherrschaft durchzusetzen.

Seine Gründung einer zweiten Hauptstadt – Konstantinopels – legte den Keim für die politische und religiöse Auseinanderentwicklung des Römischen Reiches in einen griechischen Osten und einen lateinischen Westen.

M 3 Goteneinburch (268–270)

Der Grieche Ammianus Marcellinus (4. Jahrhundert), ein bedeutender Historiker, schrieb eine Geschichte über die Zeit von Nerva (96) bis zur Schlacht bei Adrianopel (378):

Scharen skythischer Völker durchbrachen mit 2000 Schiffen den Bosporus und den Hellespont und richteten nach ihrer Überfahrt schweres Unheil zu Wasser und zu Lande an, aber als sie heimfuhren, hatten sie den größten Teil ihrer Leute verloren. Es fielen im Kampfe mit den Barbaren die Kaiser Decius, Vater und Sohn. Belagert wurden die Städte Pamphyliens, verheert mehrere Inseln, durch Brand verheert ganz Makedonien. Lange hat die Masse der Feinde Thessalonike belagert und ebenso Kyzikos. Erobert ward von ihnen Anchialos und um dieselbe Zeit Nikopolis, die Stadt, die einst Kaiser Traianus zur Erinnerung an seinen Sieg über die Daker gegründet hatte. Nach vielen blutigen Niederlagen beider Parteien wurde Philippopel von ihnen zerstört, nachdem 100 000 (?) Menschen – wenn die Annalen wahr berichten – innerhalb der Stadtmauern hingemordet waren. Ohne Scheu streiften die Feinde durch Epirus, Thessalien und ganz Griechenland; aber nachdem Kaiser Claudius die Regierung angetreten, sich als ruhmreicher Heerführer bewährt hatte und durch ehrenvollen Tod zu früh dahingerafft war, wurden sie durch Aurelianus, einen energischen Mann und unerbittlichen Rächer allen Unheils, verjagt und hielten sich dann lange Zeit still, nur dass später Räuberhorden in das benachbarte Reichsgebiet zu ihrem eigenen Verderben, jedoch seltener, einbrachen.

Aus: P. Barceló, Altertum, a.a.O., S. 241.

M 4 Das Römische Reich in Bedrängnis

Der römische Historiker Aurelius Victor lebte im 4. Jahrhundert. Er beschrieb die Situation um die Mitte des 3. Jahrhunderts:

Die Goten drangen, ohne Widerstand zu finden, nach Thrakien vor und besetzten Makedonien, Archaia und die benachbarten Gebiete Asiens, die Parther Mesopotamien, der Orient war in der Hand von Räubern oder unter der Herrschaft einer Frau. Die Macht der Alemannen besetzte damals in ähnlicher Weise Italien, Frankenstämme plünderten Gallien und setzten sich in Spanien fest, wo sie die Stadt Tarraco verwüsteten und fast völlig ausplünderten; ja, ein Teil von ihnen drang auf Schiffen, die ihnen in die Hände gefallen waren, bis nach Afrika vor; verloren ging alles, was Traianus jenseits der Donau erobert hatte. So wurde wie von Stürmen, die von allen Seiten wüteten, auf dem ganzen Erdkreise alles, Kleines und Großes, Unterstes und Oberstes, durcheinandergeworfen.

Aus: P. Barceló, Altertum, a.a.O., S. 241.

M 5 Soldatenkaisertum

Der zeitgenössische Historiker Aurelius Victor (4. Jh.) schrieb über den Einfluss der Soldaten:

Von da an festigte sich der Einfluss der Soldaten immer mehr, und Regierung und das Recht, den Kaiser zu wählen, sind bis heute dem Senate entrissen geblieben, wobei nicht zu entscheiden ist, ob aus seinem eigenen Wunsch heraus, aus Trägheit oder aus Furcht oder Abscheu vor inneren Unruhen. [...] Aber da die Senatoren sich ihrer Ruhe freuen und nur um ihre Reichtümer bangen, deren Genuss und Vermehrung ihnen höher steht als die Unsterblichkeit, haben sie den Soldaten, d.h. sozusagen den Barbaren, den Weg zur Herrschaft über sich und ihre Nachkommen freigemacht.

Aus: P. Barceló, Altertum, a.a.O., S. 241 f.

M 6 Diocletian

Der Kirchenschriftsteller Laktanz (Lactantius) schrieb Geschichte aus christlicher Perspektive. Er lebte von 250 bis 318 (?), diente u.a. als Erzieher des Sohnes von Kaiser Constantin:

Diocletian, groß in Erfindung von Verbrechen und im Anstiften von Unheil, konnte bei dem allgemeinen Verderben, das er verbreitete, auch von Gott die Hand nicht zurückhalten. Zwei Eigenschaften wirkten bei ihm zusammen, um den Erdkreis zu verderben: seine Habsucht und seine Furchtsamkeit. Er teilte das gesamte Reich in vier Teile und nahm drei Mitregenten an. Die Heere wurden vervielfältigt; jeder trachtete, eine weit größere Anzahl Soldaten zu besitzen, als die früheren Herrscher zur Zeit der Alleinherrschaft gehabt hatten. So sehr stieg allmählich die Zahl der Empfänger über die Zahl der Geber, dass bei der Maßlosigkeit der Auflagen die Kräfte der Landleute sich erschöpften, die Ländereien verlassen wurden und die Saatfelder sich in Wald verwandelten. Und um alles mit Schrecken zu erfüllen, wurden auch die Provinzen in Stücke geteilt. Statthalter in Menge mit zahlreichen Unterbeamten übten den Druck ihrer Herrschaft aus über jedes Gebiet und fast schon über jede Stadt. Dazu kam noch eine Menge von Schatzmeistern, Verwaltungsbeamten, Unterbefehlshabern, und bei all diesen gab es gar selten

Verhandlungen in bürgerlichen Rechtssachen, sondern nur Verurteilungen und Gütereinziehungen. Die Einforderungen unzähliger Dinge kehrten nicht bloß häufig wieder, sondern dauerten immerfort, und bei der Erhebung kam es zu unerträglichen Ungerechtigkeiten. Doch das hätte man noch ertragen können, was zum Unterhalt der Soldaten notwendig ist. Aber Diocletian wollte zugleich in unersättlicher Habsucht seine Schatzkammern nie vermindert sehen, sondern unaufhörlich raffte er auf außerordentlichem Wege Schätze und Gaben zusammen, um das, was er hinterlegt hatte, unversehrt und ungeschmälert zu bewahren. Durch mannigfache Ungerechtigkeiten hatte er eine ungeheure Teuerung hervorgerufen, und nun unternahm er es, den Preis der Lebensmittel durch Gesetz zu bestimmen. Jetzt kam es wegen geringfügiger und unbedeutender Dinge zu vielem Blutvergießen. Aus Furcht brachte man nichts Verkäufliches mehr auf den Markt, und die Teuerung nahm in weit schlimmerem Grade zu, bis die Notwendigkeit selbst das Gesetz nach dem Untergange vieler außer Gebrauch setzte. Zur Habsucht gesellte sich eine grenzenlose Baulust und eine nicht minder schrankenlose Ausplünderung der Provinzen, von denen Werkleute, Künstler, Lastwagen und alle Erfordernisse zur Herstellung der Bauten zu liefern waren. [...]

Zit. nach: R. Weirich u.a., Grundzüge der Geschichte, Quellenband I, Frankfurt/M. 1972, S. 122 f.

M 7 Kaiser Diocletian (284–305)

Aurelius Victor lebte im 4. Jahrhundert, war zeitweilig Präfekt von Rom und schrieb eine Serie von Kaiserbiografien:

Diocletian besaß zwar manche Vorzüge, die ihn zum großen Mann machten, allein nicht alle Eigenschaften seines Charakters verdienen unsere Billigung. Er war der Erste, der einen Anzug aus Goldstoff trug und an seidener, purpurner und mit Edelsteinen besetzter Fußbekleidung Gefallen fand. Schon das ist ein Beweis von Aufgeblasenheit, Hochmut und von einer Gesinnung, die ihn glauben ließ, er stehe weit über dem römischen Bürger. Und doch ist es eine Kleinigkeit dagegen, dass man ihn, wieder den Ersten seit Caligula und Domitian, öffentlich „Herrn" nennen, sich vor ihm niederwerfen und ihn wie ein Gottheit anreden musste.
Indes wurden die an Diocletian gerügten Fehler durch seine Vorzüge wieder reichlich aufgewogen. Er zeigte sich als Vater seiner Untertanen, und der einsichtsvolle Mann wollte, wie hinlänglich bekannt ist, beweisen, dass verabscheuungswürdige Handlungen weit nachteiliger wirken als gehässige Namen.
Allein, was soll ich davon sagen, dass dieser Kaiser, um das römische Gebiet zu schützen oder zu vergrößern, mehrere Männer, und zwar Ausländer, zu Reichsgehilfen annahm? Sobald nämlich Diocletian erfuhr, dass in Gallien eine Schar Landleute und Räuber – Bagauden in der Landessprache genannt – sich erhoben hatten, das Land weit und breit verheerten und sich vieler Städte zu bemächtigen suchten, ernannte er den ihm durch treue Freundschaft verbundenen Maximianus, einen zwar ungebildeten, aber verständigen und kriegskundigen Mann, zum Imperator. Dieser Maximianus führte in der Folge wegen seiner besonderen Verehrung des Herkules den Beinamen Herkulius. Sobald er in Gallien erschien, schlug er die Feinde oder nötigte sie zur Unterwerfung und stellte die allgemeine Ruhe in kurzer Zeit wieder her.
Zur gleichen Zeit setzten dem Orient die Perser hart zu, auch in der Provinz Afrika herrschten Unruhen. Das bewog die beiden Imperatoren, den Julius Constantius und den Galerius Maximianus zu Cäsaren zu ernennen und sie durch Familienbande noch fester an sich zu knüpfen. [...]
Von dieser Zeit an datiert die ungeheure Last der Abgaben, worunter ein Teil Italiens seufzt. Während nämlich bisher das ganze Land eine durchaus unveränderte und mäßige Auflage entrichtet hatte, wurde jetzt zur Bestreitung des Aufwandes für Heer und Kaiser, die sich beständig oder doch größtenteils in Italien aufhielten, ein neues Abgabensystem eingeführt, das sich zwar bei den bescheidenen Forderungen der damaligen Zeiten erträglich finden ließ, jetzt aber wahrhaft verderblich für den Staat geworden ist.
In der Gesetzgebung herrschte ein gerechter Geist. Die alten Religionsbräuche wurden höchst gewissenhaft beachtet. Rom und mehrere andere Städte des Reichs [...] wurden mit neuen Prachtgebäuden verschönert.
Nachdem Diocletian das zwanzigste Jahr seiner Regierung gefeiert hatte, trat er in noch ziemlich kräftigem Alter von der Leitung des Staates zurück und bewog Herkulius, freilich mit der größten Mühe, zum gleichen Entschluss. Während Constantius und Galerius die Stelle der abtretenden Augusti einnahmen, wurden Severus und Maximinus, geborene Illyrier, zu Cäsaren ernannt, jener in Italien, dieser im Orient.

Zit. nach: G. Guggenbühl, Quelle zur Geschichte des Altertums, Zürich 1964, S. 287 ff.

2.3 Christentum und Imperium

Römisches Religionsverständnis

In der römischen Kultur war das alltägliche Leben intensiv mit der Religion verwoben. Es herrschte die allgemeine Auffassung vor, dass jenseitige Mächte in das weltliche Geschehen eingreifen (können). Göttlichkeit vermochte sich in unterschiedlichen Formen zu äußern, so dass man in Bezug auf das römisch-heidnische Gottesverständnis von einem religiösen Pluralismus sprechen kann. Dieser wurde vom Kaiserkult überwölbt, der als einigende Legitimationsklammer diente. In diesem Sinne war die Religionsausübung keine Privatsache, sondern Teil der Staatsräson. Der Kaiser übte folglich das Amt des Oberpriesters (Pontifex maximus) aus. Der lateinische Begriff verweist auf seine ursprüngliche Bedeutung als „oberster Brückenbauer“ zwischen weltlicher und göttlicher Sphäre. Im Rahmen eines solchen Lebensverständnisses musste jedes öffentliche Unglück seine Ursache im fehlenden Schutz durch die Götter haben. Damit war gedanklich das Tor für die Suche nach Schuldigen beziehungsweise Sündenböcken geöffnet.

Judentum und frühes Christentum

Das Judentum besaß nach römischem Recht einen Sonderstatus. Zunächst im Osten des Reiches verbreitet, hoben sich jüdische Gemeinden von ihrem sozialen Umfeld ab, zum Beispiel durch Beschneidung, Einhaltung der Sabbatruhe und bestimmte Essensgewohnheiten. Der römische Staat entband sie sogar vom Militärdienst. Das Verhalten der römischen Behörden den Juden gegenüber variierte im Laufe der Zeit, aber nach allgemeiner Auffassung der Historiker gab es im frühen Kaiserreich (noch) keinen staatlichen Antisemitismus. Erst seit dem

M 1

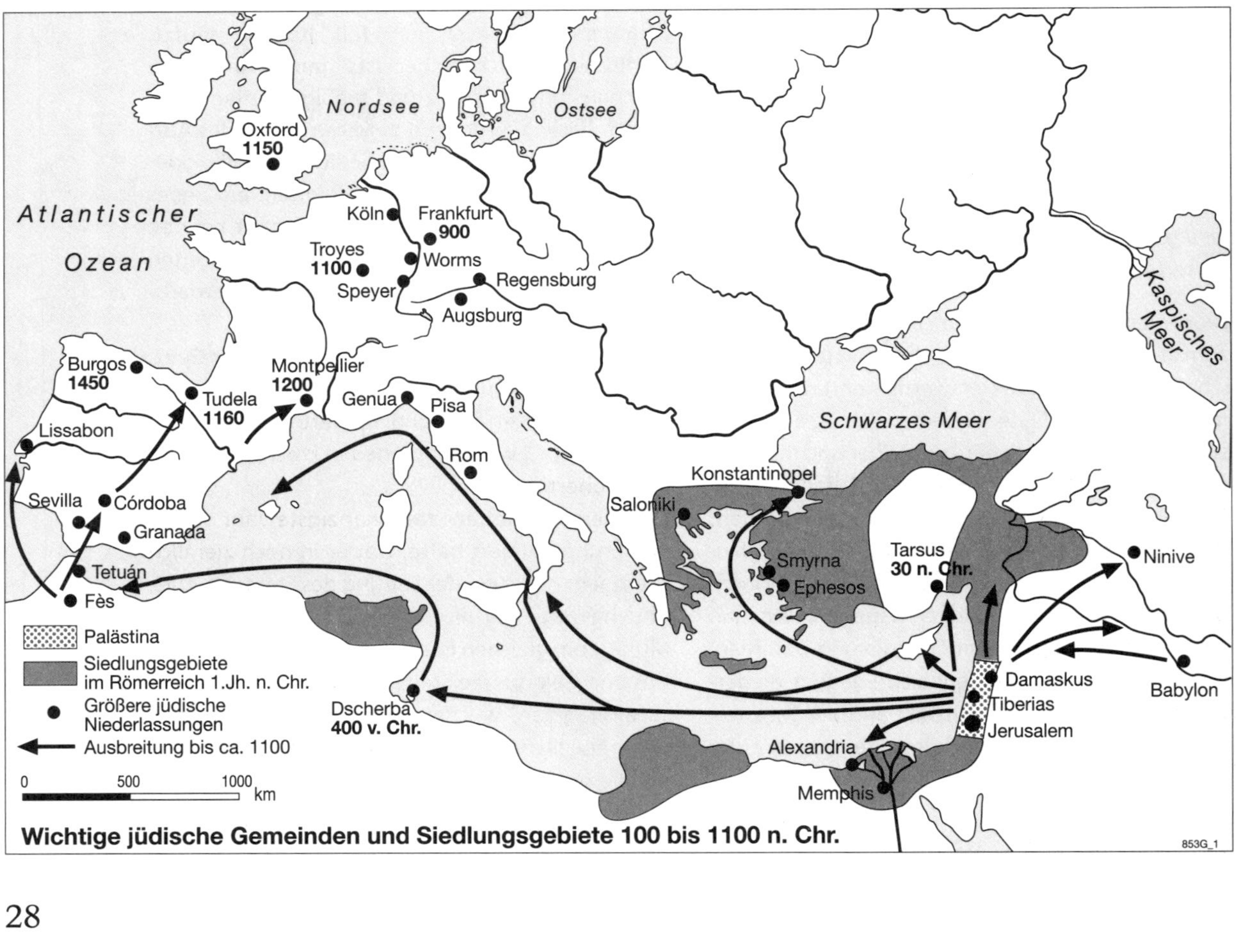

Wichtige jüdische Gemeinden und Siedlungsgebiete 100 bis 1100 n. Chr.

4. Jahrhundert registrierte man das Anwachsen eines theologisch begründeten Antisemitismus, der sich aus der Konkurrenz des Christentums zum Judentum entwickelte. Das Christentum selbst trat zunächst als jüdische Sekte in Erscheinung. Die Abspaltung erfolgte aufgrund des Glaubens an die göttliche Natur von Jesus als Erlöser. Diese damit verbundene Heilsbotschaft wurde aber von den Juden abgelehnt.

Frühes Christentum

Das Christentum mit seinem alleinigen Wahrheitsanspruch erschien zunächst unvereinbar mit dem römischen Götterglauben, denn der Monotheismus stand im Widerspruch zur polytheistischen römischen Kultur. Das frühe Christentum präsentierte sich zudem als eine weltabgewandte Religion, die ganz aufs Jenseits fixiert blieb. Das Diesseits bedeutete den frühen Christen allein schon deshalb wenig, weil sie davon überzeugt waren, dass die Wiederkehr Christi unmittelbar bevorstände. Angesichts des erwarteten nahen Weltendes verweigerten sie solche Dienste, die der römische Staat von seinen Bürgern einforderte. Dazu gehörte zum Beispiel der Militärdienst, aber auch die Teilnahme am Kaiserkult, der von den Christen als Götzendienst angesehen wurde. Wenn Christen verfolgt wurden, geschah dies nicht aus religiöser Intoleranz, sondern aus politischen Motiven. Sie wurden als Feinde der öffentlichen Ordnung betrachtet.

Die Heilssehnsucht der Christen, die sich in der Geringschätzung des Weltlichen äußerte, führte also zu einem Misstrauen bei den heidnischen Staatsautoritäten, aber auch bei einfachen römischen Bürgern. Christliches Außenseitertum auf der einen Seite sowie die Suche nach

M 2

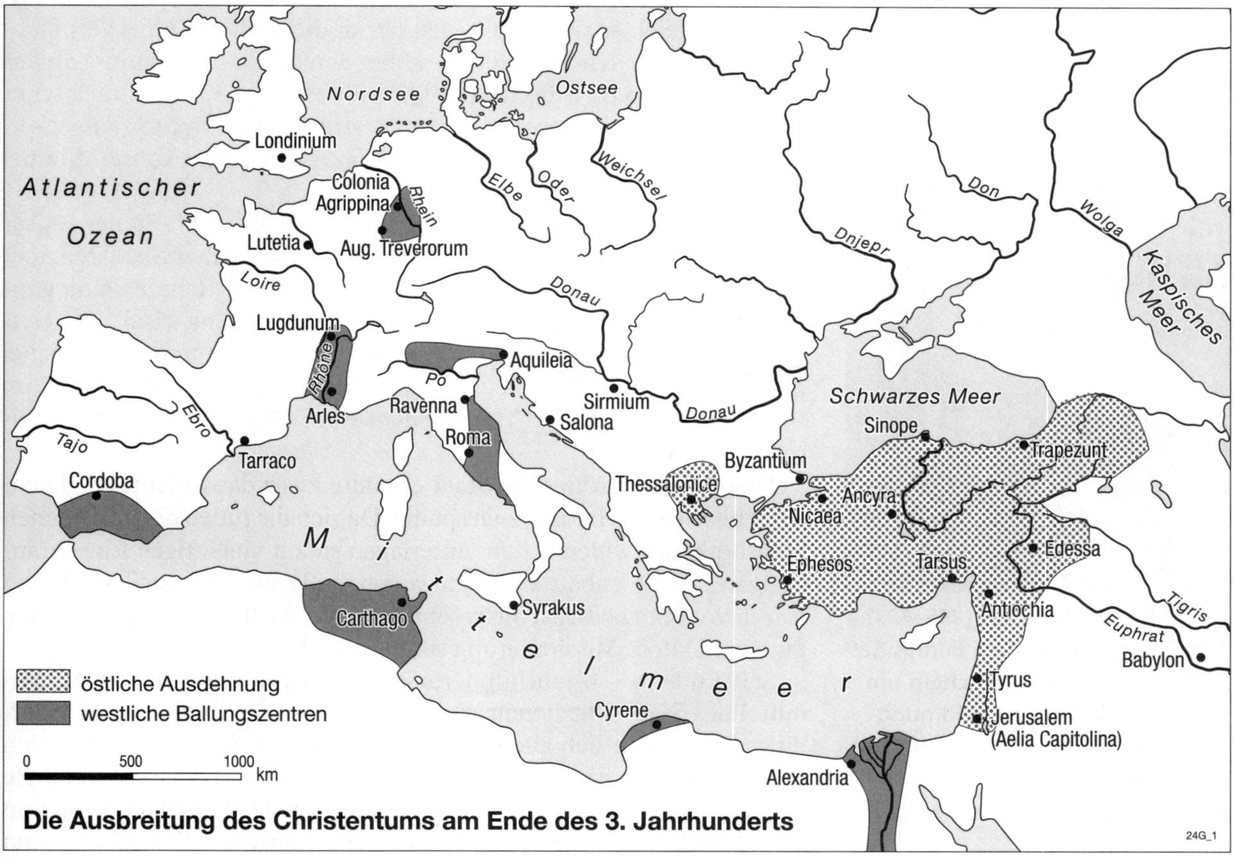

Die Ausbreitung des Christentums am Ende des 3. Jahrhunderts

Sündenböcken angesichts diverser Unglücksfälle auf der anderen Seite bildeten die sozialen Voraussetzungen der Christenverfolgungen.

Bereits Kaiser Nero (54–68) lenkte nach dem Brand von Rom den Verdacht auf die Christen. Die erste allgemeine Christenverfolgung fand unter Kaiser Decius von 249 bis 251 statt, die letzte unter Kaiser Diocletian im Jahre 303. Vor allem in diesen Zeiten wurde das Bekenntnis zum Christentum als Straftatbestand angesehen, der oft mit der Todesstrafe geahndet wurde. Als Beweismittel diente den Behörden im Zweifelsfalle die Weigerung der Christen, den Kaiserkult zu vollziehen. Viele von ihnen waren zum Märtyrertum bereit und deuteten die Verfolgungen durch den römischen Staat als Zeichen für den nahen Weltuntergang.

Die christliche Reichskirche

Staatsreligion

Nachdem bereits Galerius durch sein so genanntes Toleranzedikt von 311 die Verfolgungen der Christen beendet hatte, ebnete die „Constantinische Wende“ im Jahre 312 den Weg zur christlichen Staatsreligion. Kaiser Constantin – in der christlichen Geschichtsschreibung als „der Große“ apostrophiert – gewann in diesem Jahr eine entscheidende Schlacht gegen seinen Konkurrenten Maxentius. Vor dem Kampf der Heere an der Milvischen Brücke vor den Toren Roms hatte Constantin – folgt man der zeitgenössischen Darstellung des Geschichtsschreibers Laktanz – eine Vision. Diese verhieß den Sieg, sofern das Kreuz als Feldzeichen auf die Schilder der Soldaten gemalt werden würde. So geschah es. Constantin näherte sich der christlichen Religion an, obgleich er sich selbst auch der traditionellen Kultur verpflichtet fühlte. Nach dem späteren Sieg über den Mitkaiser Licinius galt das Christentum ab 325 inoffiziell als Staatsreligion. Als Alleinherrscher gründete Constantin an der Stelle des griechischen Byzanz eine zweite Hauptstadt des Reiches, die er nach sich benannte: Konstantinopel (330).

M 3 Kaiser Honorius (395–423) Elfenbeintafel mit dem Bildnis des Honorius. Der Heiligenschein um seinen Kopf trägt die Widmung „Unserem Herrn Honorius, dem Kaiser immerdar“. Auf der Standarte: „Im Namen Christi wirst du immer siegen.“

Im Edikt von Thessalonike aus dem Jahre 380 erklärte der Kaiser Theodosius das Christentum zur alleinigen römischen Staatsreligion. Das Bündnis von Kirche und Staat veränderte die Rahmenbedingungen im Sinne eines Imperium christianum. Nunmehr wurde das Heidentum als Staatsverbrechen angesehen. Heiden konnten zum Beispiel das Bürgerrecht verlieren. Ab 415 wurden keine Heiden mehr im Staatsdienst zugelassen. Theodosius verbot 392 das Opfer in heidnischen Tempeln.

Der christlich-römische Staat erlaubte zwar das Judentum, gleichwohl blieb seine Haltung zwiespältig. Da sich die Juden der christlichen Heilsbotschaft widersetzten, unterlagen sie oft vielfältigen Einschränkungen: Der Neubau von Synagogen hatte zu unterbleiben; Juden waren vom Staatsdienst ausgeschlossen; sie durften keine christlichen Sklaven halten; Missionierung stand unter Strafe.

Seit Ende des 4. Jahrhunderts konnte sich die Kirche der Machtmittel des Staates bedienen, um das Christentum auszubreiten. Allerdings veränderte sich auch die Rolle der Kaiser. Sie betrachteten sich als „Herrn über die Kirche“. Kaiser Theodosius (379–395) verlangte auch die Autorität in religiösen Fragen. Aus der Verschmelzung von Christentum und altrömischem Kaiserkult ging ein Sakralkaisertum hervor, bei dem sich der Kaiser als unmittelbar von Gott beauftragt präsentierte.

Von zentraler Bedeutung für die Kaiser als Inhaber der politischen Gewalt war der innere Frieden. Und dieser blieb aufs Engste mit der Einheitlichkeit des Glaubensbekenntnisses verknüpft. In einer Weise, die aus heutiger Perspektive kaum nachzuvollziehen ist, wurde im 4. und 5. Jahrhundert innerhalb des Christentums um den Glauben gerungen. Theologische Konflikte polarisierten die Gesellschaft und führten zu Unruhen und bürgerkriegsähnlichen Auseinandersetzungen.

Theologische Konflikte

Im Mittelpunkt des theologischen Streites standen zum einen das trinitarische Gottesverständnis und zum anderen die Christologie. Bei Ersterem ging es um das Verhältnis von Gottvater, Sohn und Heiligem Geist, bei Letzterem um das Wesen Christi. Die größte Herausforderung für den Katholizismus bildete in diesem Zusammenhang der Arianismus. Der Kirchenälteste von Alexandria – Arius (gestorben 335) – lehnte die Gottesnatur Christi ab und betrachtete nur den Vater als wahren Gott. Andere schwerwiegende theologische Auseinandersetzungen verbinden sich unter anderem mit den Dyophysiten, Monophysiten und Nestorianen. In allen Fällen drehten sich die theologischen Konflikte um das komplizierte Verhältnis der göttlichen und menschlichen Natur in Jesus.

Drei große Bischofsversammlungen haben als höchstes Entscheidungsorgan versucht, diese Probleme abschließend zu klären. Die Konzilien von Nicaea (325), Konstantinopel (381) und Chalkedon (451) gelten als die wichtigsten. Auf ihnen wurden die bis heute gültigen Glaubensformeln des Katholizismus beschlossen: Das Dogma der Wesenseinheit von Gottvater und seinem Sohn sowie das Dogma der zwei unzertrennlichen Naturen Christi als Mensch und Gott zugleich. Abweichler von dieser Lehre wurden als Häretiker verfolgt.

Innerkirchliche Spannungen

Innerkirchliche Spannungen gab es aber nicht nur in Bezug auf das dogmatische Verständnis. Auch die Rivalität der Bischöfe um den Führungsanspruch – vor allem in den Städten Rom, Konstantinopel und Alexandria – beschleunigte die Spaltung der Reichskirche in einen griechisch-orthodoxen Osten und einen lateinischen Westen. (Diese Trennung wurde formell erst 1054 vorgenommen.)

Im Osten anerkannten die Bischöfe die Autorität des Kaisers als „vicarius dei“ (Stellvertreter Gottes). Man spricht in diesem Zusammenhang auch von Caesaropapismus.

Im Westen hingegen kämpfte Ambrosius, der Bischof von Mailand, erfolgreich für die Unabhängigkeit der Kirche von der weltlichen Macht. Er forderte nicht nur die kircheninterne Besetzung der Bischofsstühle, sondern zwang auch den Kaiser Theodosius 390 zu einem Bußakt. Diesen Vorgang verglichen Historiker mit dem Gang nach Canossa, mit dem sich Jahrhunderte später der deutsch-römische Kaiser Heinrich IV. dem Papst Gregor VII. unterwarf (1074). Am Ende des 4. Jahrhunderts zeigten sich die ersten Risse im Bündnis von katholischer Kirche mit dem römischen Staat. Hier liegen die Wurzeln der so genannten Zwei-Mächte-Lehre, die im mittelalterlichen Machtkampf zwischen Imperium und Sacerdotium eine große Rolle spielen sollte.

M 4 Konflikt zwischen dem römischen Staat und dem Christentum

a) Briefwechsel zwischen Plinius, zeitweilig Sonderbeauftragter in Bithynien, und Kaiser Trajan in der Christenfrage (112/113). Plinius an Kaiser Trajan:

Es ist meine Gewohnheit, Herr, alles, worüber ich im Zweifel bin, Dir vorzutragen. Denn wer kann besser mein Zögern lenken oder mein Unwissen belehren? [...]

Einstweilen wandte ich bei denen, die mir als Christen angezeigt wurden, folgendes Verfahren an: Ich fragte sie selbst, ob sie Christen seien. Wenn sie gestanden, fragte ich sie ein zweites und drittes Mal unter Androhung der Todesstrafe. Wenn sie (bei ihrem Geständnis) beharrten, ließ ich sie (zur Hinrichtung) abführen. Denn ich zweifelte nicht, welcher Art es auch war, was sie gestanden, dass sicher Hartnäckigkeit und unbeugsame Halsstarrigkeit zu bestrafen seien (pertinaciam certe et inflexibilem obstinationem debere puniri). Es waren auch andere Leute von ähnlicher Unvernunft, die ich, weil sie römische Bürger waren, zur Überführung nach Rom anmerken ließ.

Als die Anklage, wie es zu geschehen pflegt, im Laufe der Verhandlung selbst immer weitere Kreise zog, traten ganz unterschiedlich gelagerte Fälle auf.

Es wurde mir eine anonyme Liste zugeleitet, die die Namen vieler Leute enthielt. Die leugneten, Christen zu sein oder gewesen zu sein, glaubte ich freilassen zu müssen, als sie die Götter nach der von mir vorgesprochenen Formel anriefen, und Deinem Bilde, das ich zu diesem Zwecke zusammen mit den Statuen der Götter herbeiholen ließ, mit Weihrauch und Wein opferten und außerdem Christus lästerten, Dinge, zu denen, wie es heißt, wirkliche Christen nicht gezwungen werden können. Andere, die von dem Denunzianten genannt worden waren, sagten, sie seien Christen und widerriefen es bald; sie seien es zwar gewesen, hätten aber aufgehört (es zu sein). Einige vor drei Jahren, einige vor noch mehr, manche gar vor 20 Jahren. Auch diese verehrten allesamt Dein Bild und die Statuen der Götter und schmähten Christus.

Sie versicherten aber, ihre ganze Schuld bzw. ihr ganzer Irrtum sei es gewesen, dass sie sich an einem bestimmten Tag vor Sonnenaufgang zu versammeln pflegten, Christus wie einem Gott ein Lied im Wechselgesang darbrachten und sich durch einen Eid nicht etwa zu irgendeinem Verbrechen verpflichteten, vielmehr dazu, keine Diebstähle, keine Räubereien, keine Ehebrüche zu begehen, kein Treuwort zu brechen und anvertrautes Gut, zur Rückgabe aufgefordert, nicht zu verweigern. Nachdem dies geschehen war, sei es ihre Sitte gewesen, auseinanderzugehen und später wieder zusammenzukommen, um ein Mahl einzunehmen, jedoch ein ganz harmloses und unschuldiges; selbst dies hätten sie unterlassen nach meinem Edikt, in dem ich entsprechend Deinen Weisungen die Existenz von Hetärien [politischen Clubs] hatte verbieten lassen. Ich hielt es daher für umso notwendiger, von zwei Sklavinnen, welche Dienerinnen genannt wurden, auch durch die Folter herauszubringen, was die Wahrheit sei. Nichts anderes fand ich als verkehrten, maßlosen Aberglauben. Deshalb schob ich die gerichtliche Untersuchung auf und entschloss mich dazu, Dich zu konsultieren. Die Sache schien mir nämlich der Beratung wert, besonders wegen der Anzahl der Gefährdeten. Denn viel jeden Alters, jeden Standes, auch beiderlei Geschlechtes sind in Gefahr geraten. Denn nicht nur über Gemeinden, sondern auch über Dörfer und Felder hat sich die Ansteckung mit diesem Aberglauben ausgebreitet. [...]

b) Trajan an Plinius:

Du hast das Verfahren, das du geschuldet hast, mein Secundus, bei der Überprüfung der Rechtsfälle derer, die dir als Christen angezeigt worden waren, befolgt. Denn es kann hier nichts generell festgesetzt werden, was gleichsam eine fest umrissene Form hat. Aufzuspüren sind sie nicht; wenn sie angezeigt und überführt werden, sind sie zu bestrafen, so aber, dass, wer leugnet, Christ zu sein, und dies durch die Tat, d.h. durch Anrufung unserer Götter, deutlich macht, mag er auch noch so verdächtig im Hinblick auf die Vergangenheit sein, Verzeihung auf Grund seiner Reue findet. Anonyme Anzeigen aber dürfen bei keinem Vergehen berücksichtigt werden. Denn das wäre ein sehr schlechtes Beispiel und passt nicht in unsere Zeit.

Aus: K. Meister, Einführung, a.a.O., S. 344 ff.

M 5 Christenverfolgungen

Der Historiker Ingemar König gibt eine zusammenfassende Darstellung über das Verhältnis des römischen Staates zu den Christen:

Tacitus hatte die Christen bereits des „Hasses auf das Menschengeschlecht" bezichtigt, da sie die Mitarbeit am Staat verweigerten und – noch verwerflicher! – den Göttern, die Rom groß gemacht hatten, die Verehrung, das Opfer, verweigerten.

Zudem waren sie bestrebt, ihre staatsfeindliche *superstitio* [wörtlich: Aberglaube] durch Mission weiterzugeben.
Der römische Staat war gegenüber Religionsformen und -gemeinschaften tolerant, solange nicht die staatliche Ordnung gefährdet war. Auch gegenüber der jüdischen Religion wurde Nachsicht geübt, da die Juden aus römischer Sicht eine *natio* mit personell begrenzter Religionsform bildeten, die keine massive Missionierung betrieb. Zudem waren sie durch das seit Hadrian verschärfte Verbot des Proselytentums [Missionierung] und der religiösen Beschneidung kontrollierbar. Das Christentum [...] hingegen war „international", nicht einmal schichtenspezifisch ausgerichtet, in höchstem Maße intolerant und subversiv [umstürzlerisch]. Damit bestand keine Möglichkeit, die Christengemeinden als Kultvereine anzuerkennen, da sie auch nicht bereit waren, sich der staatlichen Ordnung und Oberaufsicht zu unterwerfen. Dass sie dennoch eine Organisation („Kirche") mit eigenen Behörden (Episkopat) entwickelten, widersprach den Vereinsgesetzen; die Ziele dieses verbotenen Vereins kollidierten mit denen der *res publica*. So war im Prinzip der Staat, d.h. der Kaiser, zur Beseitigung des Christenunwesens verpflichtet.
Solange nach Ansicht der Bevölkerung die Götter das Staatswesen schützten, war das Christentum nur lokalen Verfolgungen ausgesetzt, konnte sich somit gut entwickeln. Nun aber, da die Krise des Staates alle Bereiche erfasste, war offensichtlich, dass die Götter Rom den Schutz entzogen hatten, da sie nicht mehr allgemein verehrt wurden. Die Christen selbst sprachen von Besinnung, Umkehr und Abkehr von falschen Göttern, so dass es für die Heiden klar war, wer die Krise verschuldet hatte: Die Truppen sahen im „gottlosen" Verhalten der Christen die Ursache ihres militärischen Misserfolgs, da die Götter den Herrschern den Sieg versagten; der Mob forderte lautstark *Christianos ad leones* [die Christen den Löwen zum Fraß auszusetzen] [...]. Die Maßnahmen, die Decius Ende 249 ergriff und die zur allgemeinen Christenverfolgung führten, entsprachen allerdings dem üblichen staatlichen Repertoire: Zuerst ging man gegen die unerlaubte Hierarchie vor – am 20. Januar 250 starb Fabianus, Bischof von Rom –, dann wurden die unzuverlässigen Elemente aus der Umgebung des Kaisers entfernt. Schließlich sollte die „rechte" Glaubenseinstellung aller Reichsbewohner überprüft werden. Traian hatte als Beweis der „Unschuld" Beklagter ein Opfer gefordert. Diese Forderung wurde nun in allgemeiner Form wiederholt. Marcus Aurelius hatte bereits im Zusammenhang mit der Pestepidemie einen Opferzwang angeordnet, der zur „Entdeckung" von Christen führte. Nun wurde der Opferzwang, d.h. ein Bittopfer für Kaiser und Reich, allen Reichsangehörigen auferlegt, so dass alle „Gottlosen" – darunter natürlich auch die Christen – „entdeckt" werden konnten.

J. König, Kleine römische Geschichte, Stuttgart 2004, S. 314 f.

M 6 Das Konzil zu Nicaea (325)

Der christliche Historiker Eusebios (ca. 260–339), Bischof von Caesarea, erzählt von der Eröffnung und vom Verlauf des Konzils:

Als der Tag erschienen war, an dem das Konzil die Streitfragen beheben sollte, begaben sich alle Teilnehmer nach dem mittleren Saal des Kaiserpalastes, der alle andern an Größe zu überbieten schien. Hier waren zu beiden Seiten viele Sitze reihenweise aufgestellt worden, und jeder nahm den ihm zukommenden Platz ein. Nachdem sich die ganze Versammlung mit der ihr geziemenden Würde niedergelassen hatte, verhielten sich alle schweigsam, indem sie das Eintreffen des Kaisers gewärtigten. Zuerst betrat einer, dann ein zweiter und ein dritter aus dem Gefolge des Kaisers den Raum; dann erschienen auch noch andere Leute, nicht die gewöhnlichen Leibwächter und Schwerbewaffneten, sondern einige aus dem Kreis seiner gläubigen Freunde. Als ein Zeichen das Nahen des Herrschers verkündete, erhoben sich alle Versammelten; nun trat er selbst mitten unter sie, wie ein Bote vom Himmel, in leuchtendem Purpurgewande, strahlend in hellem Lichtglanze, geschmückt mit funkelndem Gold und Edelgestein. In der Mitte der Versammlung angelangt, wollte er sich nicht eher setzen, als bis die Bischöfe ihn durch einen Wink dazu eingeladen hatten. Dann setzte sich auch sein Gefolge.
Nunmehr erhob sich der Bischof, der auf der rechten Seite den ersten Platz einnahm, und wandte sich mit einer mäßig langen Rede an den Kaiser, indem er seinetwegen dem allmächtigen Gott feierlich dankte. Als er sich gesetzt hatte, sahen alle unter tiefem Schweigen unverwandt den Kaiser an. Er erwiderte den Blick mit heiterem Antlitz und ruhiger Miene, sammelte sich im Geiste und hielt mit leiser, sanfter Stimme eine Ansprache.
Da fingen einige an, die andern anzuklagen; diese aber verteidigten sich und erhoben Gegenvorwürfe. Von beiden Seiten brachte man sehr vieles vor, so dass ein eigentlicher Wortwechsel entstand. Der Kaiser hörte langmütig allen zu; indem er hin und

wieder unterstützte, was von der einen oder anderen Gruppe geltend gemacht wurde, brachte er die beharrlich Streitenden nach und nach einander näher. So konnte er die einen überzeugen, andere durch seine Worte in Verlegenheit bringen, treffliche Redner loben; aber alle mahnte er zur Eintracht, bis sie schließlich über die strittigen Punkte gleichen Sinnes waren.

Zit. nach: G. Guggenbühl, Quellen, a.a.O., S. 293 f.

M 7 Beschluss des Konzils von Nicaea (325)

Das Glaubensbekenntnis gilt als eines der bedeutendsten des Katholizismus:

Wir glauben an den einen Gott, den allmächtigen Vater, den Schöpfer alles Sichtbaren und Unsichtbaren. Und an unseren einen Herrn Jesus Christus, den Sohn Gottes, als Einziggeborener aus dem Vater geboren, das heißt aus der Substanz des Vaters, Gott aus Gott, Licht aus Licht, wahrer Gott aus wahrem Gott, geboren, nicht geschaffen, von einer Substanz mit dem Vater [...], durch den alles geworden ist, was im Himmel und auf der Erde ist, der um unseres Heiles willen herabgestiegen und Fleisch und Mensch geworden ist, gelitten hat und auferstanden ist am dritten Tage, hinaufgestiegen ist in die Himmel und kommen wird, Lebende und Tote zu richten.

Zit. nach: H. Denzinger, Kompendium der Glaubensbekenntnisse und kirchlichen Lehrentscheidungen, hrsg. von P. Hünermann, Freiburg/Brsg. 1991, S. 62 f.

M 8 Edikt von Thessalonike (380)

Mit diesem Dokument strebte Kaiser Theodosius I. (379–395) die Einheit aller Christen an. Der Althistoriker Werner Dahlheim fasst zusammen:

Von nun an gab es kein Halten mehr. Der Codex Theodosianus, eine Sammlung der kaiserlichen Gesetze, die seit 439 für beide Reichsteile galt, führte bereits 73 Gesetze gegen Häretiker auf. Eines davon traf schließlich auch die Arianer und wurde seiner zentralen Bedeutung wegen an die Spitze des Codex Iustiniani gestellt. Ein am 27. Februar 380 erlassenes kaiserliches Edikt „über die höchste Trinität und den katholischen Glauben [de fide catholica], und dass niemand es wage, öffentlich über sie zu streiten", erhob den Glauben der Bischöfe von Rom und Alexandria zur Staatsreligion: „Alle Völker sollen [...], so ist unser Wille, in der Religion sich befinden, die diese Religion selbst als vom heiligen Apostel Petrus den Römern überliefert erklärt, [...] d.h. dass wir gemäß der apostolischen Disziplin und der evangelischen Lehre, die eine Gottheit des Vaters und des Sohnes und des heiligen Geistes unter gleicher Majestät und unter frommer Trinität glauben. Die dieses Gesetz befolgen, sollen, so befehlen wir, den Namen Katholische Christen annehmen; die Übrigen aber, die wir als wahnsinnig und geisteskrank beurteilen, sollen der Schande eines häretischen Dogmas unterliegen und ihre Vereine sollen nicht den Namen Kirchen annehmen dürfen; sie sollen zuerst durch göttliche Strafe, danach aber auch durch die Rache unseres Zorns, den wir aus dem himmlischen Urteil nehmen, geschlagen werden."

Aus: W. Dahlheim, Die Antike, Paderborn 2002, S. 634.

M 9 Gegen das Heidentum

Erlass des Kaisers Theodosius aus dem Jahre 392:

Niemand (mag er sein, wer er will) darf an irgendeinem Orte, in irgendeiner Stadt den vernunftlosen Götterbildern ein unschuldiges Opfertier schlachten oder im Geheimen zur Sühne seinen Lar [Hausgott] mit Feuer, seinen Genius [Schutzgeist] mit Wein, seine Penaten [Familienschutzgötter] mit Opferduft verehren oder ihnen Lichter anzünden oder Weihrauch streuen oder Kränze aufhängen. Wenn nun jemand in der Absicht, ein Tier zu opfern, es mit Opfermehl zu bestreuen oder rauchende Eingeweide zu befragen wagt, gegen den soll allen gestattet sein, eine Klage zu erheben, wie gegen einen des Majestätsverbrechens Schuldigen. Wenn einer aber Götterbilder, die von Menschenhand gemacht sind und doch einmal der Vernichtung anheimfallen, mit Darbringung von Weihrauch verehrt, der soll, als der Religionsverletzung schuldig, Einbuße leiden an dem Haus oder Besitztum, in dem er erwiesenermaßen in heidnischem Aberglauben seinen Götzendienst verrichtet hat. Denn alle Stätten, die einmal von Weihrauchduft erfüllt gewesen sind, [...] bestimmen wir hiermit zur Einziehung für den Fiskus [Staat].

Zit. nach: G. Guggenbühl, a.a.O., S. 297.

M 10 Kaisertum Justinians

Das Dokument aus dem Jahre 530 fasst das Selbstverständnis Justinians zusammen:

„Von Gott eingesetzt unser Reich lenkend, das uns von der himmlischen Hoheit übergeben worden ist, bringen wir Kriege glücklich zu Ende, zieren den Frieden und erhalten den Bestand des Gemeinwesens: Und wir richten unsere Herzen so auf den Beistand des allmächtigen Gottes, dass wir weder Waffen noch unseren Soldaten noch den Generälen noch unserer eigenen Begabung vertrauen müssen, sondern jegliche Hoffnung allein auf die vorsorgende Umsicht der höchsten Dreifaltigkeit setzen: Von ihr her haben sich die Grundbestandteile der gesamten Welt entwickelt und ist ihre Anordnung zum Weltkreis geschaffen worden!"

Aus: M. Meier, Justinian, Herrschaft, Reich und Religion, München 2004, S. 7.

M 11 Die zwei Gewalten (494)

Brief des Papstes Gelasius I. an Kaiser Anastasius I.:

Zwei sind es nämlich, von denen diese Welt vornehmlich regiert wird, die geheiligte Autorität der Bischöfe und die königliche Gewalt; unter diesen wiegt die Last der Priester umso schwerer, als sie bei dem göttlichen Gericht auch für die Könige der Menschen selbst Rechenschaft ablegen werden.
Du weißt nämlich, gütigster Sohn, dass Du zwar durch deine Würde dem Menschengeschlecht vorstehst, Du unterwirfst Dich jedoch demütig den Vorstehern der göttlichen Dinge und erbittest von ihnen die Ursachen Deines Heiles; und Du erkennst, dass Du beim Empfang der himmlischen Sakramente und ihrer gehörigen Verwaltung nach der Ordnung der Religion eher untertan sein musst als vorstehen. Du weißt also, dass in diesem Bereich Du vom Urteil jener abhängst, aber nicht willst, dass jene Deinem Willen unterworfen sind.
Wenn nämlich, was die Ordnung der öffentlichen Verfassung angeht, auch die Vorsteher der Religion selbst erkennen, dass Dir die Herrschaft auf Anordnung von oben übertragen wurde, und deshalb Deinen Gesetzen gehorchen, um nicht einmal in den weltlichen Dingen den Anschein zu erwecken, sie widerstünden [...], frage ich Dich, ziemt und gebührt es sich dann, denen zu gehorchen, die für die Austeilung der ehrwürdigen Geheimnisse bestimmt sind?

Zit. nach: H. Denzinger, Kompendium, a.a.O., S. 159.

M 12 „Barberini-Elfenbein"
Reliefbild aus dem frühen 6. Jahrhundert

M 13 Christianisierungsschub

Der Historiker M. Meier schreibt über das so genannte Barberini-Elfenbein aus der Zeit Justinians (6. Jahrhundert):

An verschiedenen Beispielen lässt sich ein deutlicher Christianisierungsschub festmachen. So wurden z.B. die traditionellen Victoria-Figuren auf den Goldmünzen jetzt zu Engeln umgedeutet; Darstellungen von Globus und Kreuz, die den Weltherrschaftsanspruch unter christlichen Vorzeichen symbolisierten, erlangten zunehmende Bedeutung. Besonders anschaulich zeigt sich der Wandel auf dem so genannten Barberini-Elfenbein, einem berühmten Reliefbild, dessen Datierung lange umstritten war, das aber wohl doch in die frühen Jahre Justinians [527–565] gehört. Der Kaiser erscheint hier in voller Rüstung hoch zu Ross und rammt gerade seine Lanze in den Boden. Die Darstellung wartet mit einer Reihe interessanter Details auf, so z.B. mit demütigen Barbaren und einer weiteren Person, vielleicht einem Konsul. Entscheidend ist aber, dass zentral über der ganzen Szene der segnende Christus steht, eingebettet in ein Medaillon, das von zwei Engeln zu beiden Seiten gehalten wird. Hier wird denkbar anschaulich illustriert, wer als Urheber und Beschützer des Kaisers sowie seiner Herrschaft galt.

Aus: M. Meier, Justinian, Herrschaft Reich und Religion, München 2004, S. 13.

2.4 Niedergang des Römischen Reiches

Die Schlacht bei Adrianopel am 9. August 378, bei der Kaiser Valens starb, gilt den meisten Historikern als Anfang vom Ende des Römischen Reiches. Schon Zeitgenossen beurteilten diese Niederlage des römischen Heeres als Katastrophe und tiefgehenden Einschnitt. Vorausgegangen war der Zusammenbruch der Donaufront. Als Folge des Vordringens der Hunnen setzten die Goten über die Donau, um der Vernichtung durch das zentralasiatische Reitervolk zu entgehen.

Das spätrömische Kaisertum sah sich wiederholt außerstande, auf die Völkerwanderung und auf die damit einhergehende Zuspitzung der außenpoltischen Lage angemessen zu reagieren. Die Schwäche der Zentralgewalt zeigte sich im raschen Wechsel der Kaiser, in etlichen Usurpationen (zwischen 284 und 455 sind fast 40 dokumentiert), Revolten von Söldnern und Machtkämpfen am Hof. Eine spätantike Besonderheit bildeten die so genannten Kinderkaiser.

Germanisierung des Heeres

Aus der Perspektive der germanischen Völker ging vom Römischen Reich ein hohes Maß an Anziehungskraft aus. Das wirtschaftliche und kulturelle Niveau lag deutlich über dem der Germanen. Um die Sicherheit an den Grenzen zu erhöhen, gingen die Römer dazu über, Germanen als Soldaten anzuwerben. Kaiser Theodosius schloss zum Beispiel im Jahre 382 einen Vertrag („foedus“) mit den Westgoten. Diese wurden auf römischem Territorium angesiedelt, erhielten die Reichsangehörigkeit und waren als „foederati“ zur Heeresfolge verpflichtet. Die Übernahme eines fremden Volkes bildete den Ausgangspunkt für die Entstehung germanischer Staaten im Römischen Reich. Die weitere militärische Entwicklung wurde dadurch geprägt, dass immer mehr Germanen unter Vertrag genommen wurden, um eine germanische Landnahme zu verhindern. Die Germanisierung des römischen Heeres spiegelte den Niedergang des Reiches wider, das nicht mehr in der Lage war, das altrömische Ideal des Bürgersoldaten zu verwirklichen. Eine Konsequenz dieser Entwicklung lag darin, dass im 4. und 5. Jahrhundert das höchste militärische Führungsamt wiederholt in germanische Hände fiel. Zeitweise waren die germanischen Heermeister Stilicho (395–408), Aetius (433–454) und Rikimer (457–472) die faktischen Machthaber im Westen des Reiches.

Gesellschaftlicher Zusammenbruch

Der schleichende Zusammenbruch des Imperiums zeigte sich auf unterschiedlichen Gebieten. Ein Symptom war der Verfall der Städte mit ihren kulturellen Einrichtungen, wie zum Beispiel Straßen, Theatern, Aquädukten und Thermen. Im Römischen Reich bildeten die Städte und mit ihnen der Stadtadel - der Dekurionenstand - das Rückgrat. Das zunehmende gesellschaftliche Chaos führte zum Beispiel zur Schutzsuche auf den Bergen, die sich besser verteidigen ließen. Der Stadt- bzw. Provinzadel kapitulierte vor dem wachsenden Steuerdruck der Behörden. Die Ausgaben für Kriegsführung, Söldner sowie Subsidienzahlungen an germanische Völker ruinierten die Staatsfinanzen. Nur im Osten des Reiches blieb die Stadtkultur erhalten und mit ihr die überlegene Wirtschaftskraft, die es dem oströmischen Kaiserhaus ermöglichte, auf große Mittel zurückzugreifen.

Auch außerhalb der Städte verschärften sich die sozialen Spannungen. Hier zeichnete sich die Tendenz zur Bildung großflächiger Güter ab. Mächtigen Landbesitzern gelang es als Folge des staatlichen Machtvakuums, ehemals freie Bauern zu unterwerfen. Auch suchten Kleinbauern angesichts gesellschaftlicher Anarchie Schutz beim Grundherrn. Nur dieser war noch in der Lage, Räuberbanden, marodierende Soldaten und Steuereintreiber abzuwehren. In der Folge entstand ein neuer sozialer Typus, der als Kleinpächter – im Unterschied zum Sklaven – die Bewirtschaftung der Güter tätigte. Den so genannten Colonus kennzeichnete eine Verschlechterung seiner sozialen und rechtlichen Position. Er galt als halbfrei, besaß keine freie Verfügung über Eigentum und blieb an die Scholle gebunden. Der Rechtsstand wurde an die Kinder vererbt. Die großen Landbesitzer eigneten sich immer mehr staatliche Hoheitsrechte an, unterhielten private Truppen, errichteten Befestigungen und bildeten somit einen „Staat im Staate".

Ende des Weströmischen Reiches

Die Sicherheit der Grenzen, die bereits im 3. Jahrhundert durchlässiger geworden waren, ging im 4. Jahrhundert vollends verloren. 355 eroberten die Franken das linksrheinische Köln und besetzten große Teile Nordgalliens. 406 überschritten Vandalen, Alemannen und Sueben den Rhein und brachen in Gallien ein. Die Westgoten eroberten Italien und plünderten im Jahre 410 die Stadt Rom, was von vielen Zeitgenossen als eine Art Weltende empfunden wurde. 45 Jahre später wiederholte sich das Ereignis – diesmal durch die Vandalen. Im 5. Jahrhundert zogen die Hunnen brandschatzend über den Rhein, nachdem sich der Hof von Konstantinopel losgekauft und damit die Aggression in Richtung Westen gelenkt hatte. Der Vormarsch der Hunnen konnte erst 451 mit Hilfe von germanischen Truppen durch den Heermeister Aetius gestoppt werden (Schlacht auf den „Katalaunischen Feldern" im Nordwesten Frankreichs).

Die letzte Stufe im Zerfall der römischen Herrschaft im Westen bildete die Entstehung neuer Staaten auf dem Gebiet des Reiches. Im 5. Jahrhundert erlangten die salischen Franken die Vorherrschaft über Nordgallien. Die Westgoten lösten sich aus dem römischen Reich und bildeten einen eigenen Staat in Südgallien. Es folgte die Eroberung der iberischen Halbinsel. Die Vandalen setzten 429 unter ihrem König Geiserich nach Afrika über und bildeten im Gebiet von Karthago einen faktisch unabhängigen Staat, der 442 sogar von Kaiser Valentinian III. offiziell anerkannt wurde. Der Endpunkt dieser Verselbstständigung der Germanenstaaten bestand in der Absetzung des letzten weströmischen Kaisers Romulus Augustulus („Kaiserchen") durch den germanischen Heerführer Odoaker. Dieser übernahm das Amt eines Rex Italiae. Damit endete nach allgemeiner Überzeugung die Geschichte des weströmischen Reiches. Nachdem das Imperium zunächst die Kontrolle über die Gebiete nördlich der Alpen verloren hatte, war nun auch Italien selbst unter germanische Herrschaft geraten. Der oströmische Reichsfeldherr Theoderich errichtete eine relativ stabile ostgotische Königsherrschaft über Italien (493–526).

Im Osten blieb das Römische Reich und mit ihm das imperiale Kaisertum in territorial geschrumpfter Form erhalten. Rom lebte also im Osten fort. Nur kurzfristig sollte es dem Kaiser Justinian (527–565) noch einmal gelingen, die Einheit des Imperium Romanum herzustellen. Das oströmische Reich, erst später als Byzanz bezeichnet, existierte noch annähernd 1000 Jahre weiter, bis es 1453 mit der Eroberung durch die türkischen Osmanen vernichtet wurde.

M 1 Die spätrömische Gesellschaft

Der Sozialgeschichtler Géza Alföldy analysiert die spätrömische Gesellschaft :

Wie spannungsgeladen die spätrömische Gesellschaft war, zeigt sich in den ständigen sozialen Unruhen, die in Stadt und Land immer wieder zum Ausbruch kamen, und zwar aus ganz verschiedenen Anlässen. Dass die Landarbeiter, unter ihnen ebenso rechtlich unabhängige Bauern wie Kolonen und Sklaven, vor dem Steuerdruck und der schlechten Behandlung sehr häufig entflohen, sich in Räuberbanden zusammenrotteten und den römischen Staat zu militärischen Maßnahmen zwangen, war nach den Erfahrungen des 3. Jahrhunderts nichts Neues. [...]

Dennoch konnten alle diese Widerstandsbewegungen, Revolten und Unruhen nicht zu einer sozialen Revolution der Unterschichen führen. Weder der Zerfall des römischen Herrschaftssystems noch der Übergang von der „antiken" zur „mittelalterlichen" Gesellschaftsordnung wurde durch eine Revolution herbeigeführt. [...]

Aber dass das weströmische Reich im 5. Jahrhundert dem Druck der barbarischen Völker nicht mehr standhielt, ergab sich nicht als Folge einer Revolution, sondern vor allem als Folge der Entfremdung zwischen Staat und Gesellschaft, und die wiederholte Auflehnung einzelner sozialer Gruppen gegen den Staat war nur eines der vielen Zeichen dieser Entfremdung. Wie schon der Aufstand in Antiochia zeigte, war der Hauptgegner der Unzufriedenen nicht die Großgrundbesitzerschicht, sondern der Staatsapparat, und die Ablehnung der kaiserlichen Despotie [Gewaltherrschaft] war ein Ziel, das letztlich auch den Interessen der Großgrundbesitzer entgegenkam. So war der Niedergang des weströmischen Reiches ein Prozess, dessen sozialgeschichtlicher Aspekt nicht in der Auflehnung der Unterschichten gegen ein von den Oberschichten getragenes Machtsystem lag, sondern darin, dass die römische Staatsordnung allmählich nur noch von einer ganz dünnen Schicht ihres eigenen Machtapparates getragen und zugleich eine Last für beinahe die gesamte Gesellschaft wurde. [...]

Es gab zahlreiche weitere Faktoren der Entfremdung. Die Loslösung der spätrömischen Gesellschaft von ihrem Staat zeigte sich zunächst darin, dass im Westen die großen Güter unter ihren eigenen Herren wirtschaftlich und politisch immer eigenständigere Einheiten innerhalb des Staates bildeten. In ihrer Versorgung waren sie weitgehend autark; sie verfügten, wie eine Beschreibung des Großgrundbesitzes aus dem Jahre 369 verdeutlicht, über Weinberge, Olivenplantagen, Ackerfeld, Weiden, Wald, Siedlungen, städtische und ländliche Sklaven, Handwerker, Hauspersonal, Kolonen, Geräte, Vieh und Geld. Der Gutsbesitzer zog sich immer mehr auf sein Latifundium zurück. [...]

Erheblich verstärkt wurde diese Entfremdung zwischen der Bevölkerung des Reiches und dem Kaisertum durch die so genannte Patrocinienbewegung. Es handelte sich um eine Form der Flucht vor Unrecht und Steuerdruck bei einzelnen unabhängigen Bauern und Kolonen oder gar bei der Einwohnerschaft ganzer Siedlungen. Salvianus beschrieb diese Bewegung wie folgt: Um der gewaltsamen Steuereintreibung zu entgehen, „liefern sie sich [...] Größeren zu Schutz und Schirm aus, ergeben sich den Reichen als Hörige und begeben sich sozusagen unter deren Gewalt und Botmäßigkeit". Die Betroffenen stellten sich unter die Obhut (patrocinium) einer einflussreichen Person aus dem Militär oder der Zivilverwaltung oder einfach eines mächtigen Großgrundbesitzers, dem sie als Gegenleistung zunächst als „Geschenk", später als regelmäßige Abgabe Agrarprodukte oder Geld aushändigten. [...]

Das bedeutete, dass aus dem kaiserlichen Herrschaftssystem nicht mehr nur das Personal einzelner Güter, sondern faktisch die gesamte Bevölkerung breiter Distrikte herausgelöst wurde, zumal auch zahlreiche Stadtgemeinden auf ähnlichem Wege nach Schutz strebten. Gleichzeitig machte aber diese Entwicklung ebenso wie die zunehmende Autonomie der großen Güter sehr deutlich, dass der Zerfall der römischen Staatsordnung nicht mit der Veränderung oder auch nur der Schwächung der bestehenden Sozialordnung verknüpft war: Ganz im Gegenteil führte dieser Prozess zur Stärkung der Großgrundbesitzerschicht und zur weiteren Verbreitung der kolonatsähnlichen Abhängigkeit breiter Bevölkerungsmassen.

G. Alföldy, Römische Sozialgeschichte, Wiesbaden 1984, S. 172 ff.

M 2 Niedergang des Reiches

Der Professor für Alte Geschichte, Hartwin Brandt, interpretiert die Verfallstendenzen im spätantiken Imperium Romanum:

Aber in seinen Grundzügen blieb das spätantike Imperium Romanum auch nach Diocletian und Konstantin das, was es vorher – selbst in der Reichskrise des 3. Jahrhunderts – gewesen war: ein mit klaren Grenzen zu umschreibendes, auch innen zumindest relativ stabiles Gebilde, das auf den antiken Traditionen und vor allem dem Kern antiker Zivilisation – der Stadt und ihrer Selbstverwaltung – beruhte, mit einem ideologisch überhöhten Kaisertum an der Spitze, das faktisch auf militärischer Macht und der Zustimmung der Truppen basierte. Auch die Infrastruktur erwies sich vor allem im 4. Jahrhundert als weitgehend funktionstüchtig, weiterhin bestand ein riesiger, währungstechnisch relativ einheitlicher Wirtschaftsraum, in welchem Handwerk, Handel und gewerbliche Produktion keineswegs einen kontinuierlichen Niedergang erlebten, sondern in einzelnen Regionen (wie zum Beispiel im Nordafrika des 4. Jahrhunderts) durchaus noch florierten.

Dennoch traten seit dem späten 4. Jahrhundert, spätestens seit dem Tod Theodosius' I. im Jahr 395, Krisenphänomene immer deutlicher in Erscheinung, die sich im Laufe der anschließenden Jahrzehnte zu Verfallstendenzen verdichteten.

Um die angemessene Gewichtung und Interpretation der einzelnen Dekadenzphänomene und ihrer Ursachen bemühen und streiten sich die Gelehrten seit Jahrhunderten. Bei seiner aufwändigen und wissenschaftsgeschichtlich unterhaltsamen Suche nach den verschiedenen seit der Spätantike erwogenen Gründen für den Fall Roms hat es Alexander Demandt auf die stattliche Zahl von über zweihundert Deutungsangeboten gebracht.

Bei der Klassifizierung und Bewertung der einzelnen Faktoren kristallisieren sich einige Deutungstypen heraus, die das insgesamt wenig überraschende Urteil zulassen, dass sowohl innere als auch äußere Entwicklungen den Untergang des Römischen Reiches bedingten. Im Reichsinneren lassen sich auf verschiedenen Ebenen Desintegrationsprozesse erkennen, die nicht zuletzt durch die religiösen Konflikte befördert und zugespitzt wurden. Die Bindungswirkung der römischen (und griechischen) Tradition nahm kontinuierlich ab, und das hing nicht zuletzt mit der Unfähigkeit des Reiches zusammen, den zahlreichen ins Reich drängenden Nichtrömern Aufnahme und Integration zu ermöglichen. Freilich kann überhaupt kein Zweifel daran bestehen, dass die in ihrer Häufung und Intensität weder vorhersehbaren noch steuerbaren Wanderungsbewegungen von Goten, Franken, Vandalen, Hunnen und anderen Völkerschaften, verbunden mit der fortlaufenden Verbesserung ihrer militärischen Durchschlagskraft, wesentlich zur Verschärfung des gesamten Krisenszenarios beigetragen haben.

H. Brandt, Das Ende der Antike, Geschichte des spätrömischen Reiches, München 2001, S. 104 f.

M 3 Verfallsfaktoren

Der Althistoriker Alexander Demandt analysiert den spätantiken „Zwangsstaat":

Fast alle Erklärungsversuche zum Zerfall des Römischen Reiches im 5. Jahrhundert n. Chr. benennen wirkliche Schwächemerkmale. Sie waren den Kaisern durchaus bewusst. Ihre Reaktion war: das monarchische Zeremoniell ins Bombastische steigern, den Kaiser in eine sakrale Aura hüllen, Usurpationsverdächtigungen mit brutalen Methoden ahnden, durch eine Flut von Gesetzen möglichst alles zentral regulieren und Abweichungen mit drakonischen Strafen bedrohen – fluchtverdächtige Kolonen in Ketten legen, Söhne zur Übernahme der väterlichen Berufe verpflichten, für sämtliche Waren und Dienstleistungen Höchstpreise festlegen, Nichtkatholiken mit Schikanen verfolgen, ihre Bücher verbrennen, ihnen selbst den Feuertod androhen. Damit scheint der totalitäre Charakter des spätantiken „Zwangsstaates" perfekt, der Übergang von der Verwaltung zur Vergewaltigung vollzogen.

Die Realität freilich zeigt, aufs Ganze gesehen, einen zunehmend handlungsunfähigen „Zwangsstaat", einen Koloss auf tönernen Füßen. Vier Elemente machen das deutlich: zum Ersten ist es der bürokratische Staatsapparat selbst, der nicht imstande oder nicht willens war, im Sinne des Kaisers zu arbeiten. Zum anderen widersetzten sich die Grundbesitzer senatorischen wie curialen Stands den kaiserlichen Rekruten- und Steuerforderungen. Zum Dritten gewann die Kirche an Eigenständigkeit und entzog sich den Weisungen des Kaisers. Schließlich entwickelte das Militär, zumal das germanisch geprägte, Eigeninteressen, die dem Kaiser über den Kopf wuchsen. Der spätantike „Zwangsstaat" wurde zur Fassade. [...]

Ein Hauptübel war die Korruption. Die Stellen wurden auf Empfehlungen hin besetzt, die Fürsprecher am Hof waren oft genug käuflich. Hatte ein Kandidat seinen Posten erhalten, so musste er durch passive Bestechung wieder hereinholen, was er durch aktive verausgabt hatte. Theodosius II. und Justinian nutzten die Liquidität der Bewerber, indem sie Ernennungsgebühren erhoben. Leidtragende waren die Provinzialen. Die Magnaten entzogen sich dem Gericht, die Amnestien wurde immer großzügiger. [...] Eunapios [Historiograph des 4. Jhs.] bemerkte: Gesetze sind wie Spinnweben. Fliegen bleiben darin hängen, aber Wespen zerreißen sie.

A. Demandt, Die Auflösung des Römischen Reiches, in: dgl. (Hg.), Das Ende der Weltreiche, München 1997, S. 39 ff.

2.5 Römisches Erbe und Deutungsgeschichte

Das Römische Imperium, das weltgeschichtlich einzigartig an Dauer und Machtentfaltung dasteht, hat nachfolgenden Generationen immer wieder als Orientierung gedient. Während vor allem die Philosophie als herausragende kulturelle Leistung der griechischen Antike angesehen wird, so entfaltete die römische Antike ihre größte Wirkung in den Bereichen des Staates und des Rechts.

Reichsidee

Die Idee des Reiches, des Imperiums, blieb bis in die Neuzeit für viele Herrscher der Maßstab für ihr politisches Selbstverständnis. Noch lange nach dem Untergang des Imperium Romanum orientierten sich Europas Könige und Kaiser am römischen Vorbild. Auch nachdem sich das mittelalterliche Königtum auf die Gebiete nördlich der Alpen verlagert hatte, sprach man immer noch vom „Heiligen Römischen Reich" – erst seit Ende des 15. Jahrhunderts mit dem Zusatz „deutscher Nation". In dieser Bezeichnung offenbarte sich zum einen der Anspruch, in der Nachfolge des Imperiums zu stehen. Zum anderen wird das mittelalterliche Reich als Ergebnis eines göttlichen Heilsplanes aufgefasst und legitimiert. Vom Imperium Romanum ging eine starke Faszinationskraft aus, so dass weltliche und kirchliche Herrscher – Könige und Päpste – ihren Herrschaftsanspruch mit antiken Symbolen untermauerten.

Papsttum

Zum europäischen Erbe gehört ohne Zweifel auch das Papsttum. Es überlebte als Institution gestärkt den Untergang des weströmischen Reiches. In Rom, das von den Kaisern verlassen wurde, etablierte sich das Papsttum als neue Ordnungsmacht mit halbstaatlichem Charakter. Es übernahm weltliche Herrschaftsaufgaben. Der Bischof von Rom eignete sich den kaiserlichen Titel „Pontifex maximus" an, verlangte – wie die Kaiser – die Proskynese (den Kniefall) und verwendete auf Urkunden die rote Tinte der römischen Kaiser. Später – im 8. Jahrhundert – fälschte die römische Kurie eine Urkunde, die als „Konstantinische Schenkung" in die Geschichte eingegangen ist. Nach seinem Umzug nach Konstantinopel habe Kaiser Constantin dem Papst die Herrschaft über das Westreich übertragen. Mit diesem Dokument sollte der kirchlich-päpstliche Anspruch auf die Fortsetzung des weltlichen Kaisertums untermauert werden. In der Folge forderten die Päpste das alleinige Recht auf Verleihung der Kaiserwürde. Damit eröffneten sie eine Entwicklung, die im Jahre 800 mit der Kaiserkrönung Karls des Großen ihren ersten Gipfelpunkt erreichte und stilbildend für das gesamte Mittelalter wurde.

Renaissance

Die Renaissance des 15. und 16. Jahrhunderts verdankt ihren Namen der Wiederentdeckung der kulturellen Leistungen von Griechen und Römern. Aus der Aneignung von Texten und Kunstwerken erwuchs ein Bildungsbegriff, der bis in die Neuzeit eine normative Geltung entfaltete. Europas Sprachen, Literatur, Architektur und Kunst besitzen in der Antike ihre Wurzeln – genauso wie Philosophie und Recht.

Republik

Stand über Jahrhunderte die römische Kaiserzeit im Mittelpunkt, so änderte sich das im 18. Jahrhundert. Im Zeitalter der Aufklärung „entdeckte" das wachsende bürgerliche Selbstbewusstsein die demokra-

M 1 **Das Kapitol in Washington** wurde zwischen 1793 und 1864 in drei Bauphasen errichtet.

tisch-republikanischen Vermächtnisse der Antike. Während der fürstliche Absolutismus naturgemäß im Kaisertum sein großes Vorbild sah, richteten die französischen und amerikanischen Aufklärer ihren Blick auf die attische Demokratie und die römische Republik. Vor allem die führenden Köpfe der amerikanischen Unabhängigkeitsbewegung orientierten sich an den Idealen der römischen Republik, wobei bürgerliche Freiheiten und staatliche Gewaltenteilung im Mittelpunkt standen. Begriffe wie „Senat“ und „Kapitol“ zeugen davon bis heute – genauso wie die Architektur der auf dem Reißbrett entstandenen Hauptstadt Washington.

Recht

Die Grundlagen des Rechts geschaffen zu haben, das gilt als bleibende Leistung und bedeutendster Beitrag der römischen Kultur.

Die Römer hatten das Recht zu einer eigenen Wissenschaft ausgebaut. Es waren Spezialisten gewesen – Juristen –, die Rechtsgutachten für Prozesse lieferten, zuständige Prätoren berieten und Verträge formulierten. Für die weit reichenden Auswirkungen des römischen Rechts war entscheidend, wie die Nachwelt dieses Recht aufgenommen hat. Von größter Bedeutung erwies sich in diesem Zusammenhang ein Werk, das unter der Bezeichnung „Corpus Iuris“ in die Geschichte eingegangen ist.

Der oströmische Kaiser Justinian (527–565) hatte während seiner Herrschaft eine Kommission unter der Leitung von Tribonian beauftragt, das überlieferte Recht systematisch zu erfassen. Der Zweck des Unternehmens bestand darin, das vorhandene Rechtschaos zu überwinden und durch die Vereinheitlichung des Rechts die Herrschaft zu sichern. Das 534 publizierte Werk war in lateinischer Sprache abgefasst und gliederte sich in vier Teile: Institutionen (allgemeine Prinzipien des römischen Rechts), Digesten (systematische Zusammenstellung von Rechtsentscheidungen), Codex Iustinianus (Sammlung von Gesetzen des Kaisers) und Novellen (neuere Gesetze).

Die Schriften blieben über Jahrhunderte verschollen und wurden erst Ende des 11. Jahrhunderts wiederentdeckt. Auf ihrer Basis entstand im oberitalienischen Bologna die europäische Rechtswissenschaft. Hier wurde im Jahre 1119 auch die älteste Rechtsschule des Abendlandes gegründet.

Eine Ursache für den Siegeszug des römischen Rechts liegt in seiner Systematisierung. Man unterscheidet vier Bereiche: Privatrecht, Strafrecht, Prozessrecht und Staatsrecht. Das Staatsrecht bezieht sich auf das Verhältnis des Bürgers zum Staat, während das Privatrecht die Beziehungen der einzelnen Bürger untereinander regelt. Ausgehend von Privateigentum und dem freien Willen des Rechtssubjektes sind wesentliche Bestimmungen des römischen Privatrechts bis in die Gegenwart wirksam. Darüber hinaus haben die Römer strafrechtliche Normen entwickelt, die bis heute in Rechtsstaaten gültig sind: niemanden ohne Anhörung zu verurteilen, niemanden für die gleiche Tat zweimal zu bestrafen, keine Verurteilung ohne vorheriges Gesetz zuzulassen.

Das römische Recht wurde unter der geläufigen Bezeichnung „Corpus Iuris Civilis" seit dem 16. Jahrhundert auch von deutschen Juristen übernommen. Auf dieser Basis bildete sich das so genannte Gemeine Recht, das in Deutschland bis ins 19. Jahrhundert gültig blieb. In der Regel ergänzte die Übernahme des römischen Rechts die jeweils regionale Rechtstradition. Mit dem Jahr 1900 trat im Deutschen Reich das Bürgerliche Gesetzbuch (BGB) in Kraft. Auch diese Säule des heutigen Zivilrechts ruht auf dem Fundament römischer Rechtsgrundsätze.

Deutungsgeschichte

Der Althistoriker Alexander Demandt hat sich wie kein Zweiter mit der Deutung des Römischen Reiches der Spätantike beschäftigt. Im Mittelpunkt steht dabei die Frage, wie frühere und gegenwärtige Historiker den Untergang des Imperiums verstanden wissen woll(t)en. Es geht also nicht um die Fakten als solche, sondern um deren Interpretation. Deutlich erkennbar ist dabei die Wechselbeziehung zwischen der gedeuteten Vergangenheit und der Gegenwart des jeweils Deutenden. Erst die Deutung lässt das frühere Geschehen zur „Geschichte" werden.

Je nach der Sichtweise des Rückblickenden können politische oder religiös-geistige oder zum Beispiel sozioökonomische Aspekte ins Zentrum gerückt werden. Die Faktoren können unterschiedlich gewichtet werden. Die Geschichtsbetrachtung kann auch einen je eigenen geschichtsphilosophischen Hintergrund besitzen. Sie kann einem linearen oder zyklischen Modell folgen. Es können auch gesetzmäßig-biologische Entwicklungen unterstellt werden, wie sie beispielsweise in den Begriffen „Geburt, Wachstum, Verfall" zum Ausdruck kommen. Auch die Definition von Einschnitten (Zäsuren), also die Frage nach dem Ende des weströmischen Reiches, unterliegt einer Interpretation, die erst in der Rückschau Sinn macht.

Alexander Demandt hat nicht nur die Deutung durch Einzelne verglichen, sondern auch untersucht, wie in vergangenen Epochen geurteilt wurde. In seinem Werk „Der Fall Roms. Die Auflösung des Römischen Reiches im Urteil der Nachwelt" (1984) behandelt er nicht weniger als 200 verschiedene Erklärungsversuche.

M 2 Lotharkreuz im Aachener Domschatz (Ausschnitt)

Das reich verzierte Kreuz ist ein Geschenk Ottos III. an das Aachener Münster. Auf der schmucklosen Rückseite, die der Kaiser anblickte, wenn er hinter dem Kreuz schritt, ist der gekreuzigte Christus zu sehen, die prunkvolle Vorderfront schmückt ein antiker Augustuskameo [Edelsein mit figürlicher Darstellung]. Unter Augustus wurde Christus, der neue Herr der Welt geboren, als dessen irdischer Stellvertreter sich Otto III. fühlte. Das Lotharkreuz symbolisiert die Kontinuität zwischen dem heidnisch-antiken und dem mittelalterlich-christlichen Kaisertum.

Aus: H.K. Schulze, Hegemoniales Kaisertum, Berlin 1991, S. 276.

M 3 Römisches Vermächtnis

Der britische Historiker Nathaniel Harris gibt einen Überblick der langfristigen Auswirkungen des Römischen Reiches:

Der postume Einfluss des antiken Rom ist in der Geschichte ohne Parallelen. Die Barbaren, die das Reich fast unbeabsichtigt gestürzt hatten, bestaunten seine Werke und imitierten sie, so gut sie konnten. Noch Jahrhunderte später galt jede Verbesserung in der westlichen Kultur als Wiederbelebung römischer Institutionen, Stile und Werte. 800 n. Chr. überquerte der Frankenkönig Karl der Große die Alpen und wurde vom Papst zum Kaiser gekrönt. Karl der Große galt als neuer „römischer" Kaiser und das mitteleuropäische Heilige Römische Reich Deutscher Nation blieb für die nächsten 1000 Jahre auf der Landkarte bestehen. Die schwierige Beziehung zwischen seinen Kaisern und den Päpsten war das Hauptthema der mittelalterlichen Politik. Als Bischof von Rom war der Papst auch Nachfolger der römischen Kaiser, von denen er den Titel des *pontifex maximus* [oberster Priester] übernommen hatte, und dass er in der Hauptstadt der alten Welt residierte, machte einen Großteil seiner Autorität aus. Zur Wiederherstellung der Kultur fiel Männern wie Karl dem Großen nichts Besseres ein, als die Antike zu imitieren wie in der Kathedrale zu Aachen, einer abgespeckten Kopie von San Vitale in Ravenna. Herrscher der Dunklen Jahre [gemeint ist vor allem das 6. und 7. Jahrhundert] verwendeten weiterhin die römische Währung, den Solidus [Goldmünze], und kopierten ihn, als sie gefestigt genug waren, um ihre eigenen Münzen zu prägen. Die Literatur und Bildung der Antike blieben durch Mönche weitgehend erhalten, die das Erbe der Zivilisation trotz ihres Misstrauens gegenüber der Moral und den Botschaften der heidnischen Autoren zu bewahren suchten. [...]

Intellektuell gesehen waren sie jedoch noch immer von den römischen und griechischen Quellen abhängig (Letztere hauptsächlich in lateinischen Versionen). Überall im mittelalterlichen Westen war Latein die Sprache der Bildung, des Rechts, der

Theologie, der Diplomatie und der Debatte, obwohl sie als Volkssprache längst „tot" war.

Mit der Renaissance kam es zu einem neuen Kult der Antike. Petrarca [1304–1374] wurde wie römische Dichter auf dem Kapitol mit Lorbeeren gekrönt. [...] Architekten studierten Vitruv [lebte im 1. Jahrhundert v. Chr.] und bauten Kirchen mit hohen Türmen und Landhäuser. Künstler wie Michelangelo [1475–1564] wurden von römischen Kopien griechischer Meisterwerke inspiriert. Von Italien aus verteilte sich die Renaissance über ganz Europa und nahm verschiedene Formen an. [...]

Die Sprache der Kunst im 16. und 17. Jahrhundert war klassisch. [...]

Am Ende des 18. Jahrhunderts war der Einfluss der Antike unverändert. Rousseaus Gesellschaftsvertrag, der oft als Leitfaden der französischen Revolutionäre gilt, diskutierte politische Themen fast nur an Beispielen aus der griechischen und römischen Geschichte. Die Revolutionäre, teils beeinflusst von der Malerei des Klassizismus, imitierten Brutus [den Verschwörer gegen Caesar] und Cato [die Idealgestalt des echten Republikaners], während ihre Frauen (nachdem sich die Lage beruhigt hatte) „klassische" Gewänder trugen. Napoleon, Erster Konsul und Kaiser der Franzosen, mit seiner Ehrenlegion, seinem Triumphbogen und seinen Adlern, sah sich in der Rolle des antiken Helden.

Weder das Ersetzen des Lateinischen durch einheimische Sprachen noch der Aufstieg der Wissenschaft und die Industrielle Revolution konnten das Festhalten an der Antike im westlichen Gedankengut erschüttern. Im 19. Jahrhundert waren Griechisch und Latein Teil der Ausbildung der oberen Klassen, und der Klassizismus in Kunst und Architektur lehnte alles Neue ab. [...]

Zwar mögen Technologie und Postmoderne das römische Erbe „irrelevant" [bedeutungslos] gemacht haben, aber seine Überreste halten sich hartnäckig in unserer heutigen Sprache und unseren Vorstellungen. Senat, Kapitol und Diktatoren weilen immer noch unter uns. Apollo landet auf dem Mond und Mars grüßt uns aus der Ferne!

N. Harris, Römisches Reich, Wien 2001, S. 184 f.

M 4 „Napoleon auf dem Thron"
Gemälde von Ingres, 1806

M 5 Republikanische Tradition

Der Politikwissenschaftler Hans Vorländer zeigt auf, wie sich die Ideale der römischen Republik auswirkten:

Rom selbst war keine Demokratie. Obwohl die Rolle des Volkes in der Politik der republikanischen Ära nicht unterschätzt werden sollte, muss die römische Republik doch eher als Oligarchie [Herrschaft von Wenigen], als die Herrschaft der Nobilität [Adel] begriffen werden. Das römische Volk war zwar ein Machtfaktor, es konnte aber die Dominanz der traditionellen Führungsschicht nicht brechen. [...]

Wenn die römische Republik auch nicht als Demokratie bezeichnet werden kann, so gab es in ihr doch eine, ebenfalls durch die Standeskämpfe bewirkte, Entwicklung, die der Moderne immer als Vorbild und Modell gegolten hat. Es war die Freiheit, die *libertas* in der römischen Republik, die, in Zusammenhang mit den römischen Gesetzeskodifikationen, vielen als Vorläufer des modernen Freiheitsverständnisses erschien. Das ist indes ein Missverständnis, und das römische Verständnis von Freiheit lässt sich auch keineswegs als Gegenmodell zum vermeintlich „positiven" Freiheitsbegriff der Athener profilieren. Freiheit war auch in Rom kein persönliches Grundrecht, das abstrakt und universell als personales Menschenrecht hätte verstanden werden können. [...]

Freiheit wurde in Rom als Schutz vor der Willkür der Beamten verstanden. [...]

Wenn man will, kann dies als eine frühe Form persönlicher Freiheitssicherung vor exekutivischen Eingriffen, also als ein Abwehrrecht gegenüber dem Staat, verstanden werden. (In Athen war ein solches Abwehrrecht überflüssig, weil die Freiheit durch die Übernahme und Kontrolle politischer Ämter durch die Bürger selber gewährleistet war.) Das Gesetzesrecht konnte als Teil der Freiheit empfunden werden. Vor allem war damit eine politische Gleichheit gemeint, die die Herrschaft Einzelner, also tyrannische Formen der Herrschaftsausübung, zu vermeiden suchte. Einzelne, mächtige Nobiles wie Marius, Pompeius und Caesar sollten daran gehindert werden, aus der Nobilität auszubrechen und eine Alleinherrschaft zu etablieren. Insofern war die Gleichheit als Inbegriff von Gesetzesherrschaft eine politische Vorkehrung, um das System der römischen Republik gegen seine despotische [gewalttätige] Entartung zu stabilisieren.

H. Vorländer, Demokratie, München 2003, S. 39 ff.

M 6 Amerika und die Antike

Der Althistoriker und Journalist Peter Bender untersucht, was die Geschichte Roms für die Amerikaner bedeutet:

Der Vergleich zwischen Rom und den Vereinigten Staaten ist so alt wie die Vereinigten Staaten. Schon Ende des 18. Jahrhunderts galt die antike Republik den Gründungsvätern der neuen Republik als Vorbild. Beide waren aus einem Befreiungskampf hervorgegangen, für beide blieb Freiheit von monarchischer Gewalt erstes Gebot der inneren Ordnung. Wie sich die Amerikaner gegen die koloniale Herrschaft des englischen Königs erhoben hatten, so die Römer gegen die Herrschaft des etruskischen Königs. Von Brutus, der den „übermütigen" Tarquinius verjagte, bis zu Brutus, der Caesar ermordete, gaben die Römer ein Beispiel unerschütterlicher Treue zur republikanischen Freiheit. Cicero und der jüngere Cato, beide Opfer tyrannischer Gewalt, wurden verehrt, ebenso der halb sagenhafte Diktator Cincinnatus, der die Diktatur nach sechzehn Tagen niederlegte und an seinen Pflug zurückkehrte, nachdem er seinen Auftrag erfüllte und die Feinde geschlagen hatte. Eine prominente Gesellschaft mit George Washington an der Spitze nannte sich „Cincinnati", wonach wiederum die Stadt in Ohio ihren Namen erhielt.

Politiker und politische Schriftsteller gaben ihren Auffassungen das Gewicht altrömischer Strenge, indem sie als „Publius" oder „Fabius" schrieben. Wohlhabende schmückten ihre Häuser mit den Nachbildungen antiker Charakterköpfe und ließen sich selbst als Römer porträtieren, George Washington gab man die Gestalt des Augustus, ein wenig kurios: der Begründer der Republik in der Rolle des Begründers der Monarchie, aber vielleicht war schon der Begründer des Imperiums gemeint? Bis heute sichtbar sind die Zeugen symbolischer Nachfolge, das Parlamentsgebäude heißt Capitol und die höhere Kammer Senat, auf Münzen und Dollarnoten geht die bundesstaatliche Verfassung in lateinischer Form täglich durch die Hände jedes Amerikaners: E pluribus unum [eine Nation aus vielen].

So wurde auch gebaut. Jenseits des Atlantik gibt es kaum weniger Säulen als diesseits, Washington ist voll davon, sie gerieten, wie fast alles in Amerika, zu gigantischen Dimensionen. Und je reicher die Amerikaner wurden, desto näher wollten sie dem verehrten Vorbild kommen. Für das Capitol nahmen sie heimischen Marmor, später wollten sie es ganz echt haben und schafften sogar den weißen Stein aus dem italienischen Carrara über den Atlantik herbei. Nach dem Muster des Rom am Potomac entstanden in den Hauptstädten der Bundesstaaten säulenreiche kleine Roms, ähnlich den antiken Bürgergemeinden in Italien, die ihr Forum, ihr Rathaus und ihre Tempel nach dem Beispiel des großen Rom am Tiber anlegten.

Vorbild für Amerika konnte Rom jedoch nur jenseits der geschichtlichen Wirklichkeit sein, als Legende, als Vorratskammer für fromme Heldengeschichten mit Opfermut und einfachem Leben, als Traditionsstifter und Namengeber oder überhaupt als eine Autorität, die keiner Begründung bedurfte. Sobald praktische Entscheidungen zu treffen waren, bestimmte die praktische Vernunft. Die Verfassung der Vereinigten Staaten folgte nicht römischen Einrichtungen, sondern gründete sich auf englische Traditionen, auf Montesquieu und auf den schöpferischen Verstand der Gründungsväter. Die Geschichte Roms war für die Amerikaner das gleiche wie für die Europäer bis ins 19. Jahrhundert, ein Schatzhaus von politischen Erfahrungen, aus denen man lernen konnte. Man lernte auch nicht nur von Rom, sondern von der ganzen Antike, und auf der Suche nach republikanischen Erfahrungen prüften die Amerikaner auch die Niederlande und die Schweiz. In den Federalist Papers, Diskussionsbeiträgen der besten Köpfe für die Verfassung von 1787, erscheint Griechenland siebzehnmal und Rom nur elfmal.

P. Bender, Weltmacht Amerika, Das Neue Rom, München 2005, S. 17 ff.

M 7 Römisches Recht – ein Weltrecht

Ulrich Manthe, Professor für Bürgerliches und Römisches Recht, beschreibt den Siegeszug des römischen Rechts:

Das römische Recht ist die einzige nationale Rechtsordnung, die sich bis zum heutigen Tag zu einem wirklichen Weltrecht entwickelt hat. Seit dem 14. Jahrhundert galt es als „Gemeines Recht" in Mitteleuropa, und im 19. Jahrhundert ging es in die großen Privatrechtskodifikationen ein (Code Civil des Français 1804, österreichisches Allgemeines Bürgerliches Gesetzbuch 1811, Bürgerliches Gesetzbuch für das Deutsche Reich 1896 und Schweizerisches Zivilgesetzbuch 1907), welche über ihre Tochtergesetze (die Gesetzbücher der romanischen Länder stehen dem Code Civil nahe, die Nachfolgestaaten des österreichisch-ungarischen Reiches sind vom Allgemeinen Bürgerlichen Gesetzbuch beeinflusst, und die Türkei, Japan, Thailand und China haben mehr oder weniger deutsches und schweizerisches Recht rezipiert) das römisch-rechtliche System in alle Welt getragen haben.

Es ist kein historischer Zufall, dass das römische Recht die Welt erobert hat. Sein hoher Abstraktionsgrad erlaubt, es für beliebige Gesellschafts- und Wirtschaftsformen anzuwenden, was etwa für das ständestaatliche und jede winzige Einzelheit mit äußerster Akribie [Sorgfalt] regelnde preußische Allgemeine Landrecht 1794 mit seinen 20 000 Paragraphen ausgeschlossen wäre. Das römische Recht beruft sich nicht auf eine religiöse Legitimierung, wie es etwa das talmudische [altjüdische] Recht tut, und ist daher unbeschränkt in Länder anderer Religion und Kultur exportierbar; es ist ein Recht der reinen Vernunft, und nicht ohne Grund basiert das grundlegende Werk unseres Völkerrechts *De jure belli ac pacis* („Das Recht des Krieges und des Friedens") des großen Philosophen des Naturrechts Hugo Grotius (1583 bis 1645) auf dem römischen Privatrecht. Schließlich ist das römische Recht auch kaum von nationalen ethischen Vorgaben abhängig (wie etwa das Recht des konfuzianischen China) und daher von zeitlich bedingten Anschauungen frei.

Die Universalität des römischen Rechts zeigt sich vor allem im Vermögensrecht, die Geschäfte der Lebenden ebenso bereffend wie die Verfügungen von Todes wegen. Zeitgebunden ist es im Personen- und Familienrecht und im Strafrecht; das Verfassungsrecht hat über Montesquieu [1689–1755] auf unsere Zeit gewirkt, das Verwaltungsrecht und vor allem die Organisation des römischen Kaiserreiches haben eine erstaunliche Ähnlichkeit mit der Verwaltungsorganisation des britischen Empire des 19. Jahrhunderts.

U. Manthe, Geschichte des Römischen Rechts, München 2000, S. 7 f.

M 8 Erklärungsversuche

Der Althistoriker Alexander Demandt beschäftigt sich mit der Grundfrage zur Spätantike: Wie konnte das Imperium zusammenbrechen?:

Wie jede andere Typologie, so lässt sich auch die der Untergangstheorien nach Bedarf gröber oder feiner anlegen. Die einfachste Einteilung wäre die nach innenbedingten und nach außenbedingten Ursachen. Die exogene Deutung ist vergleichsweise einheitlich, sie nimmt an, dass die Völkerwanderung der wichtigste Faktor in der Auflösung des Reiches gewesen sei.

Die endogenen Deutungen müssen indessen abermals unterteilt werden. Eine erste Gruppe von Autoren macht bestimmte Missstände im Inneren verantwortlich: die religiöse Hinwendung zu jenseitigen Idealen oder die sozialökonomischen Spannungen oder das Versiegen der natürlichen Lebensgrundlagen oder innenpolitische Fehlentscheidungen. Eine andere Gruppe von Autoren erklärt dies alles zu bloßen Symptomen eines tiefer sitzenden Erschöpfungsprozesses, der aus einer kulturzyklischen Eigendynamik heraus verstanden werden müsse. Daraus ergeben sich sechs Typen.

Betrachten wir zunächst die endogenen Theorien, und zwar die Autoren, die dem Christentum einen erheblichen Einfluss auf den Niedergang Roms zugeschrieben haben. Die Verlagerung aller Hoffnungen aufs Jenseits, der Rückzug aus dem bürgerlichen Leben, die Verweigerung von Staatsdienst und Wehrpflicht wurden sowohl von den heidnischen Zeitgenossen als auch von vielen modernen Historikern als staatsschädigend erachtet. Schwächend wirkten die Kosten der Kirche (sie verfügte über enorme private wie staatliche Zuwendungen), die oft bürgerkriegsähnlichen Auseinandersetzungen bei Glaubensspaltungen (insbesondere im Ostteil des Reiches) und das Überwechseln aus dem Staatsleben in den Kirchendienst (seit dem späteren 5. Jahrhundert gibt es mehr Kleriker als Staatsbeamte).

Der Einfluss des Christentums auf den Niedergang Roms wird nur von solchen Autoren angenommen, die entweder dem Imperium oder aber der Kirche distanziert gegenüberstehen. [...]

Der zweite Typus, der sozialökonomische Ansatz, ist der bisher am häufigsten verfochtene überhaupt und scheint namentlich in jüngerer Zeit beliebt. Er geht aus von den Gegensätzen zwischen Arm und Reich, von den Klassenkonflikten und Besitzunterschieden, von der Verelendung der Landbevölkerung und dem Luxusdasein senatorischer Magnaten [hier: Großgrundbesitzer]. Die antiken Quellen sind voll von Klagen über derartige Missstände. Bereits die Aufklärungshistorie hatte sie in Rom gebrandmarkt, um der Gegenwart einen Spiegel vorzuhalten. In dieser Tradition werden sozialökonomische Erklärungen überwiegend von solchen Autoren vertreten, die politisch dem liberalen, progressiven oder sozialistischen Lager zuzurechnen sind. [...]

Der dritte Deutungstypus versucht die Auflösung des Imperiums naturwissenschaftlich zu erklären. Drei Unterformen lassen sich auseinanderhalten. Die erste baut auf die Annahme einer Verschlechterung äußerer Lebensbedingungen [Erschöpfung des Bodens, zunehmende Trockenheit].

Daneben steht als zweite Unterform die These des Bevölkerungsschwundes [...]. Eine Spielform hierzu ist die Lehre von der Impotenz durch Bleivergiftung. [...]

Neben der quantitativen spielte als dritte Unterform die qualitative Minderung der Reichsbevölkerung eine Rolle. Die auf Gobineau (1855) und Darwin (1871) zurückführende Rassentheorie, die in der Geschichte einen Daseinskampf zwischen höherwertigen und minderwertigen Rassen erblickt, hat den Fall Roms zum Musterbeispiel verderblicher Rassenmischung erhoben. [...]

Ein vierter Deutungstyp führt die Auflösung des Imperiums auf schuldhaftes Versagen der Innenpolitik zurück. Die Quellen zur Spätantike breiten vor uns eine Palette von Missständen in Staat und Verwaltung aus. Unfähige Kaiser, bestechliche Beamte, eigennützige und aufsässige Soldaten, Zwang von oben, Weigerung von unten, brutale Autokratie und chaotische Anarchie stehen nebeneinander. Diese Übel erscheinen während des 19. Jahrhunderts überwiegend in den Untergangstheorien liberaler Historiker. [...]

Die genannten vier Erklärungsversuche mit Hilfe der religiösen, der sozialen, der naturbedingten und der innenpolitischen Defekte betrachten jeweils eine bestimmte Kategorie innerer Schwächen als entscheidend für die Auflösung des Reiches. Die ideologische Abwendung vom Staat zugunsten der Religion, die Konflikte zwischen Reich und Arm, die Minderung der Bevölkerung und ihrer Lebensgrundlagen und die Struktur- und Entscheidungsfehler der Innenpolitik – all dies sind faktische Übel gewesen, deren abträgliche Auswirkungen bereits den spätrömischen Beobachtern deutlich waren. Die Erhebung einer einzelnen dieser Schattenseiten zur entscheidenden Schwäche resultiert jedoch gewöhnlich aus einer privaten Sichtweise, die man bei genügender Personenkenntnis geradezu prognostizieren kann. In aller Regel kann man voraussagen, dass ein liberaler Autor den Zwangsstaat, ein marxistischer Autor den Klassenkampf, ein fortschrittsgläubiger Autor die Stagnation der technischen Entwicklung monieren [beanstanden] wird. Da sich die Ansätze gegenseitig aufheben, ist verständlich, wenn eine fünfte Gruppe von Autoren alle inneren Verfallsmerkmale als bloße Symptome einer tiefer sitzenden, zentralen Erschöpfung der Lebenskraft interpretiert. Die Vorstellung der Kulturmorphologie[1], dass Kulturen wie Pflanzen wachsen, blühen und vergehen, ist im Altertum gelegentlich, in der Renaissance mehrfach ausgesprochen worden und findet sich zur Theorie erhoben in der Romantik. [...]

Die behandelten fünf Deutungstypen stimmen darin überein, dass die Auflösung des Imperiums ein innenbedingter Prozess sei. Dem steht als sechste und letzte These die Ansicht gegenüber, dass alle genannten Meinungen defekt sind, dass man den Zerfall des Reiches nicht ohne Druck auf die Grenzen erklären könne. Die germanische Völkerwanderung, die in den fünf endogenen Erklärungen bloß den Rang eines zufälligen, beliebig ersetzbaren Anlasses hat, wird hier zur wichtigsten Kraft im Geschiebe der Mächte.

1 Morphologie: Wissenschaft von den Gestalten und Formen

A. Demandt, Geschichte der Spätantike, Das Römische Reich von Diocletian bis Justinian, München 1998, S 459 ff.

3. Imperialismus – Expansion im Industriezeitalter

Thematische Aufbereitung in den HORIZONTEN

Die Industrielle Revolution wird in Band II, Kapitel 5.1, behandelt. Die anschließenden FRAGEN AN DIE GESCHICHTE beschäftigen sich mit dem Thema: „Warum fand die Industrielle Revolution in Europa statt?“ In diesem Zusammenhang werden auch grundlegende Aspekte erörtert, die im Zusammenhang mit dem europäischen Imperialismus von Bedeutung sind. Der Imperialismus selbst ist Gegenstand des Kapitels 8. Dabei steht zwar Deutschland als Kolonialmacht (Kapitel 8.2) im Mittelpunkt, aber es wird auch auf englische Quellen zurückgegriffen. In einer Bilanz des Kolonialismus (Kapitel 8.3) wird die Theorie-Diskussion bearbeitet. Eine Bilanzierung nimmt der Sozialwissenschaftler David Landes vor (M9). Das Kapitel 8 wird durch FRAGEN AN DIE GESCHICHTE abgeschlossen: „Ist die Unterentwicklung in der Gegenwart die zwangsläufige Folge des Kolonialismus?“ Der Historiker Wolfgang Reinhard schlägt dabei einen gedanklichen Bogen bis zur Gegenwart. Das „Zeitalter des Imperialismus“ wird außerdem in Kapitel 15.1 bearbeitet: „China: Vom Kaiserreich zur Volksrepublik“. In diesem Zusammenhang wird dargestellt, wie das rückständige Kaiserreich zum Objekt imperialistischer Mächte wurde. Die Außenpolitik der USA im ausgehenden 19. Jahrhundert (mit ihrer Abkehr vom Isolationismus) ist Gegenstand des Kapitels 7.4 in HORIZONTE, Band I.

Falls die „klassische“ Epoche des Imperialismus in einen größeren historischen Zusammenhang eingefügt werden soll, bietet sich ein Rückgriff auf die HORIZONTE, Band I, Kapitel 5 an. Speziell in Kapitel 5.1 („Die Welt im Umbruch“) wird das Ausgreifen Europas im 16. Jahrhundert sichtbar. Verschiedene Materialien eröffnen ein Verständnis für das Zeitalter der Entdeckungen und die Bildung früher Kolonialreiche. Somit kann eine weitläufige Verbindung über fünf Jahrhunderte bis zur globalisierten Welt der Gegenwart hergestellt werden.

Zusätzliche weiterführende Literatur

- ***Hans A. Dettner,*** Grundzüge der Geschichte Japans, Darmstadt 1992
- ***Wolfgang Franke,*** Das Jahrhundert der chinesischen Revolution 1851–1949, München 1980
- ***Frédéric Mauro,*** Die europäische Expansion, Wiesbaden 1984
- ***Wolfgang J. Mommsen,*** Imperialismustheorien, Göttingen 1974
- ***Wolfgang J. Mommsen,*** Das Zeitalter des Imperialismus (Fischer Weltgeschichte, Bd. 28), Frankfurt/Main 1978
- ***Herfried Münkler,*** Imperien, Die Logik der Weltherrschaft – Vom Alten Rom bis zu den Vereinigten Staaten, Berlin 2005
- ***Jürgen Osterhammel,*** China und die Weltgesellschaft. Vom 18. Jahrhundert bis in unsere Zeit, München 1989
- ***Winfried Speitkamp,*** Deutsche Kolonialgeschichte, Stuttgart 2005
- ***Oskar Weggel,*** Geschichte Chinas im 20. Jahrhundert, Stuttgart 1989
- ***Hans-Ulrich Wehler,*** Grundzüge der amerikanischen Außenpolitik 1750–1900, Frankfurt/Main 1984

3.1 Varianten imperialistischer Machtpolitik: Großbritannien und die Vereinigten Staaten

Globalisiertes Weltsystem

Das heutige globalisierte Weltsystem ist das Ergebnis der europäischen Expansion. Diese begann zwar bereits im 15. Jahrhundert („Zeitalter der Entdeckungen"), hat aber erst am Ende des 19. Jahrhunderts eine weltumspannende Intensivierung erfahren. Für den Zeitraum zwischen 1880 und 1914 hat sich deshalb auch die Bezeichnung „Zeitalter des Imperialismus" durchgesetzt.

Das Britische Empire stand auf dem Höhepunkt seiner Machtentfaltung. Herausgefordert durch konkurrierende europäische Mächte – insbesondere Frankreich, Deutschland und Russland – begann ein „Wettlauf" um vermeintlich freie Gebiete. Diesbezüglich hat sich das Schlagwort vom „scramble for Africa" – wörtlich: Gerangel um Afrika – eingebürgert. Mithilfe von moderner Kommunikations- und Verkehrstechnik verschmolzen ökonomische Interessen mit dem Streben nach Kolonialbesitz zu einem neuartigen politischen Herrschaftsgefüge. Der „Hochimperialismus" wird nur verständlich vor dem Hintergrund der tief greifenden strukturellen Unterschiede zwischen den imperialistischen Staaten und den abhängig gemachten Territorien. Die Industrielle Revolution hatte auf der einen Seite die Welt enger denn je zusammengeschlossen, auf der anderen Seite aber auch die Kluft bezüglich des Entwicklungsniveaus hervorgerufen.

Großbritannien

Freihandel oder Kolonien

Bis weit ins 19. Jahrhundert überwog in der britischen Öffentlichkeit die Überzeugung, dass Kolonien eine kostspielige und ungewisse Angelegenheit seien. Die Erfahrungen mit der Unabhängigkeit der amerikanischen Kolonien wirkten diesbezüglich nach. Der zunächst vorherrschende Trend entsprach einem Kosten sparenden freihändlerischen Imperialismus, der sich tendenziell auf die Sicherung der Handelsstützpunkte und Verkehrswege beschränkte. Erst gegen Ende des Jahrhunderts dominierte dann die Vorstellung einer territorialen Herrschaft in Form von Kolonien.

M 1 Benjamin Disraeli (1804–1881)

Der Konflikt zwischen diesen beiden imperialistischen Strategien äußerte sich beispielhaft in den Debatten der britischen Staatsklasse im letzten Drittel des 19. Jahrhunderts. Hier standen sich die britischen Premierminister William Gladstone und Benjamin Disraeli, Earl of Beaconsfield, als Repräsentanten unterschiedlicher Programme gegenüber. Während der liberale Gladstone prinzipiell freihändlerisch eingestellt war, profilierte sich der konservative Disraeli als Vorreiter eines „new imperialism". Dieser beinhaltete eine zielstrebige Expansion des Landes und die Bildung eines Imperiums als Ausdruck britischer Größe. Damit ging eine Abkehr vom Liberalismus einher, der bekanntlich auf Enthaltsamkeit des Staates in wirtschaftlichen Angelegenheiten drängte. In Benjamin Disraelis Konzeption berührten sich wirtschaftliche und staatliche Interessen. Die Verbindung des britischen Mutterlandes mit dem Kolonialbesitz diente in erster Linie der Machtsteigerung – ideologisch unterfüttert durch britischen Nationalismus, christliches Sendungsbewusstsein und europäisches Fortschrittsdenken.

Direkte und indirekte Herrschaft

Grundsätzlich kann die imperialistische Herrschaft zwei unterschiedliche Formen annehmen:

- „*indirect rule*“: Diese korrespondiert eher mit begrenzten Handelsinteressen, belässt die einheimischen Eliten in ihren Funktionen und begnügt sich mit einer Art Oberaufsicht.
- „*direct rule*“: Die direkte Form der Herrschaftsausübung stellte in der Regel das Ergebnis des Widerstands kolonialisierter Völker dar. Der Imperialstaat übernahm selbst die Regierung. Das wurde am Beispiel Indiens deutlich, wo 1858 der britische Staat als Folge des großen indischen Aufstands die Verwaltung der East India Company beendete und die koloniale Herrschaft formalisierte.

Formeller (direkter) und informeller (indirekter) Imperialismus schließen sich nicht aus. Es handelte sich vielmehr um unterschiedliche Strategien, deren Verfolgung von den Rahmenbedingungen abhängig blieb. Beide Strategien dienten der Öffnung neuer Märkte, der Erschließung von Rohstoffquellen sowie der Erzielung von Handelsvorteilen.

Vereinigte Staaten von Amerika

Die Außenpolitik spielte in der jungen amerikanischen Nation zunächst praktisch keine Rolle. Der diplomatische Dienst besaß lange Zeit kaum Prestige. Die Geringschätzung spiegelt sich auch in der Bezeichnung „state department“ wider. Zunächst war also gar kein Ministerium speziell für auswärtige Angelegenheiten vorgesehen. Das natürliche nationale Interesse schien quasi durch die Isolierung bestimmt zu sein. Die politische Elite betrieb eine Abgrenzung von der europäischen Mächtepolitik. Unter keinen Umständen wollte man sich in ein wie auch immer geartetes europäisches Allianzsystem verstricken lassen.

Kontinentale Expansion

In der klassischen politischen Position der Frühphase wurde die Teilung in zwei Hemisphären proklamiert, womit man die Einmischung europäischer Mächte im amerikanischen Raum abwehren wollte (Monroe-Doktrin). Vereinfacht ausgedrückt war die amerikanische Politik über weite Strecken mit sich selbst beschäftigt, weil die kontinentale Expansion im Vordergrund stand:

- „Louisiana Purchase“: käuflicher Erwerb des gesamten mittleren Westens von Frankreich – zu einem „Spottpreis“, wie es hieß (1803),
- „Verzicht“ Spaniens auf Florida nach finanzieller Entschädigung (1819),
- Indianerkriege: gewaltsame Zurückdrängung und Ansiedlung der Ureinwohner in Reservaten,
- Aufnahme von Texas in die Union (1845),
- Krieg gegen Mexiko: Vergrößerung des Territoriums um den gesamten Südwesten einschließlich der Pazifischen Region (1846–1848).
- Mit dem Kauf Alaskas von Russland kam die territoriale Abrundung zum Abschluss (1867).

Die innere Konsolidierung des Landes ging einher mit einem rasanten ökonomischen Wachstum, sodass der Freihandelspolitik ein immer größeres Gewicht zukam. In dem Maße, wie die Wirtschaft florierte, wuchs langsam auch die militärische und politische Machtentfaltung und damit der außenpolitische Radius.

Der Isolationismus geriet immer mehr in Konflikt mit den ökonomischen Imperativen. In der zweiten Hälfte des 19. Jahrhunderts wurden daher handelspolitische Forderungen immer lauter.

Schließung der Grenze

Am 2. Mai 1890 erklärte der Direktor des Statistischen Bundesamtes die „Grenze" für geschlossen. Das hieß: Es stand kein „freies Land" mehr zur Verfügung. Das „Manifest destiny" musste folglich neu definiert werden. Die nun einsetzende Phase der Außenpolitik wurde durch zwei Komponenten bestimmt:
a) realpolitisch: Das Land kam trotz seiner antikolonialistischen Tradition immer mehr in imperialistisches Fahrwasser. Die Wirtschaft suchte – wie auch in den großen europäischen Staaten – nach Absatzmärkten und Investitionsmöglichkeiten. Geopolitische Überlegungen gewannen zunehmend Gehör in der Öffentlichkeit. Berühmt wurde in diesem Zusammenhang das flottentheoretische Werk von Alfred Thayer Mahan: „The Influence of Sea Power upon History" (1890).

Zäsur 1898

Der kurze und erfolgreiche Krieg gegen Spanien (1898) bedeutete eine Zäsur: Annexion Puerto Ricos und der Philippinen, Verdrängung Spaniens aus der Karibik und Besetzung Kubas mit anschließendem Interventionsrecht. Zu ersten Mal waren die Vereinigten Staaten auf der politischen Weltbühne erschienen:

Missionarismus

b) idealistisch: Die Überzeugung, dass das amerikanische Staatswesen auf universalistischen Werten beruhe und daher Vorbildcharakter besitze, beeinflusste auch die Außenpolitik. Es entspricht der amerikanischen Tradition („Civil religion"), Politik zu moralisieren und sendungsbewusst zu vertreten. Im 19. Jahrhundert begleitete man mit Sympathie den Kampf lateinamerikanischer Länder gegen die spanische Monarchie, ebenso den Kampf der Griechen gegen die türkische Herrschaft oder die Revolution von 1848 in Europa. Der Missionarismus stellt eine Konstante der amerikanischen Außenpolitik dar.

M 2

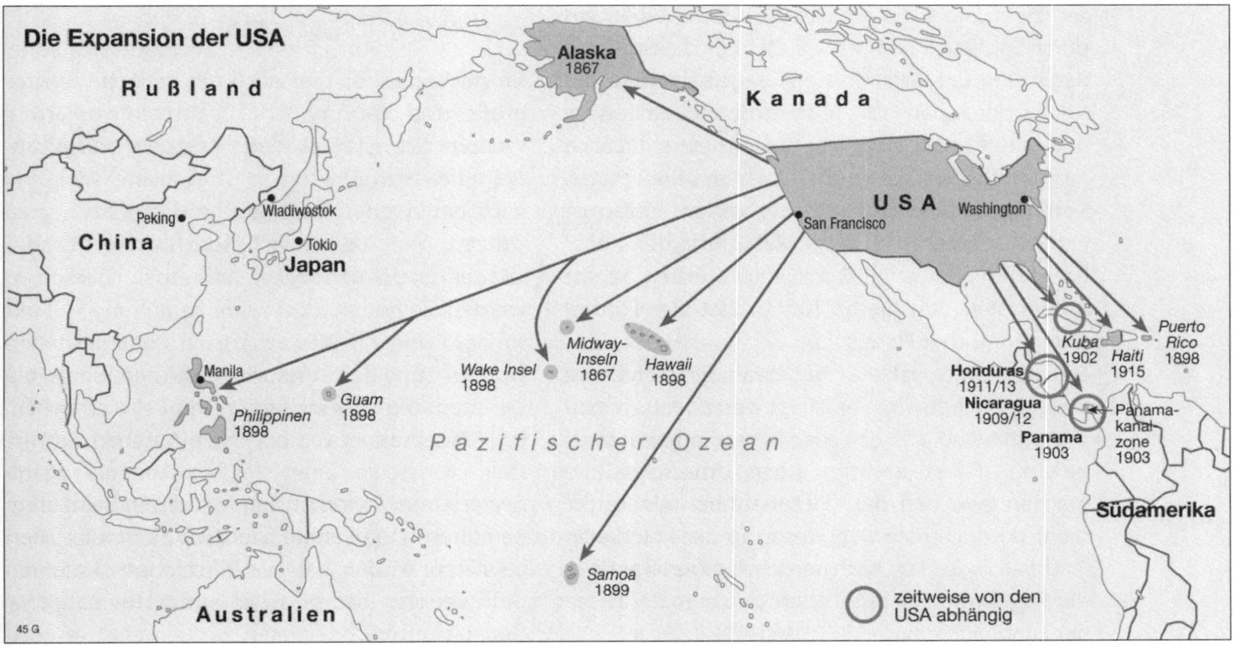

M 3 Revolutionierung des Verkehrswesens

Der Historiker Winfried Baumgart erläutert die Grundbedingung des klassischen Imperialismus:

Durch die Entwicklung der Dampfschifffahrt seit dem zweiten Jahrzehnt des 19. Jahrhunderts wurden die Kontinente einander nähergerückt. [...] Während 1825 das erste ausschließlich mit Dampfkraft betriebene Schiff für die Fahrt von England nach Indien noch 113 Tage brauchte, genügte 75 Jahre später ein Fünftel dieser Zeit. Dampfschiffe von Europa nach Asien waren unabhängig von den Passatwinden und brauchten nicht wie die Segelschiffe den Umweg über den Südatlantik zu fahren. [...] Das Dampfschiff revolutionierte die Struktur des Überseehandels. Die Segelschifffahrt war auf den Verkehr mit hochwertigen Gütern wie Edelmetalle, Gewürze und Seide beschränkt. Mit dem Dampfschiff konnten nun auch Massengüter wie Kohle, Getreide und Erdnüsse wirtschaftlich über große Entfernungen hinweg befördert werden. Der Welthandel expandierte in riesenhaftem Umfang.

Mit der Durchstechung der Landenge von Suez im Jahre 1869 verlagerte sich der Handelsweg zwischen Europa und Asien von der Kap-Route ins Mittelmeer und Rote Meer sowie auf die alten Überlandwege im Nahen Osten. Der Bau des Suez-Kanals, eine damals bewunderte und gefeierte technische Großtat, steht nun schon in einem engen Zusammenhang mit imperialistischen Aktionen: mit dem Festsetzen Englands, Frankreichs und Italiens an der Ostküste Afrikas seit dem Ende der sechziger Jahre und mit der Okkupation Ägyptens durch England im Jahre 1882. Obwohl die englische Regierung unter Palmerston[1] gegen den Bau des Kanals durch den Franzosen Ferdinand de Lesseps gearbeitet hatte, wurde die Kanalroute schließlich zur wichtigsten, daher aber auch empfindlichsten Verbindungslinie Englands mit seinem indischen Empire. Während 1870 erst 486 Schiffe den Kanal benutzten, war er 1882 mit 3000 Schiffen bereits ausgelastet. Von diesen fuhren fast vier Fünftel unter englischer Flagge. [...]

Neben dem Suezkanal hat, was die technische Revolution betrifft, vor allem der Eisenbahnbau anstoßbildend auf den klassischen Imperialismus gewirkt. Es ist wichtig, einen Unterschied zu machen zwischen dem Eisenbahnbau als Instrument des Imperialismus, was er in der kolonialen Erschließungsphase nach der Jahrhundertwende in der Regel war, und als Antrieb, den er in der Phase der Landnahme nach 1880 darstellte. [...] Nach 1869 wurde allenthalben mit dem Bau ozeanverbindender Linien begonnen. In den Vereinigten Staaten verschwand die „Frontier" durch die Anlage weiterer Strecken zwischen den beiden Küsten; damit waren die Voraussetzungen für eine Belebung des Handels mit dem Fernen Osten gegeben. Kanada eröffnete 1885 seine erste Transkontinentale. Zwischen 1891 und 1903 wurde die längste Linie dieser Art, die Transsibirische Eisenbahn, gebaut. Im europäischen Russland und im westlichen Sibirien hatte sie zwar eine vorrangig wirtschaftliche Bedeutung, je weiter sie aber nach Osten vorstieß, desto stärker wurde ihr strategisch-imperialistischer Charakter. Sie wurde zum wichtigsten Instrument Russlands in der Auseinandersetzung mit seinem imperialistischen Rivalen im Fernen Osten, Japan. Sie diente gleichsam als Speerspitze bei der politischen Durchdringung der Mandschurei und Nordchinas.

China wurde in der Folgezeit zum wichtigsten Tummelplatz der imperialistischen Mächte im Eisenbahnbau. Dem privaten Kapital erschien es weit attraktiver als Afrika, weil seine Bevölkerungsdichte eine größere Rentabilität erhoffen ließ.

1 britischer Premierminister 1855–1858 und 1859–1865

W. Baumgart, Der Imperialismus, Idee und Wirklichkeit der englischen und französischen Kolonialexpansion, 1880–1914, Wiesbaden 1975, S. 16 ff.

M 4 Erhalt des britischen Imperiums

Der britische Premierminister Benjamin Disraeli in einer Rede am 24. Juni 1872:

Meine Herren, es gibt noch ein anderes, zweites großes Ziel der Tory-Partei [konservative Partei]. Wenn es das erste Ziel ist, die Institutionen des Landes aufrechtzuerhalten, so ist es meiner Meinung nach das zweite, das englische Imperium [...] zu stützen. Wenn Sie auf die Geschichte dieses Landes seit dem Erscheinen des Liberalismus [...] blicken, so werden Sie finden, dass keine Bemühung [...] mit so viel Fähigkeit und Scharfsinn vorangetrieben worden ist, wie die Versuche des Liberalismus, die Desintegration des Englischen Empire zu erreichen. [...] Staatsmänner von höchstem Ansehen, Schriftsteller von hervorragendster Fähigkeit, die organisiertesten und wirksamsten Mittel sind bei diesem Bemühen angewendet worden. Es ist uns allen bewiesen worden, dass wir durch unsere Kolonien Geld verloren haben. Es ist mit mathematischer Genauigkeit nachgewiesen worden, dass es noch nie ein Juwel in der Krone Englands gegeben hat, das so wahrhaft teuer gewesen ist wie der Besitz Indiens. Wie oft ist uns nicht geraten worden, wir sollten uns auf der Stelle von diesem Alpdruck befreien. Nun, dies wurde nahezu bewerkstelligt. Als das Land sich jene klug berechneten Ansichten unter dem einleuchtenden Vorwand zu eigen machte, den Kolonien Selbstverwaltung zu gewähren, da dachte ich […], dass das Band zerrissen sei. […]

Nun, was war das Ergebnis dieses Versuchs während der Herrschaft des Liberalismus für die Desintegration des Empire? Er ist gänzlich gescheitert. Aber wie ist er gescheitert? Wegen der Sympathien der Kolonien mit dem Mutterland. Sie haben entschieden, dass das Empire nicht zerstört werden soll, und meiner Meinung nach wird kein Minister in diesem Lande seine Pflicht tun, der eine Gelegenheit versäumt, so weit wie möglich unser koloniales Weltreich wieder aufzubauen und jenen Sympathiebekundungen aus der Ferne zu entsprechen, die die Quelle unabschätzbarer Stärke und Beglückung für dieses Land werden können. Deshalb, meine Herren, erscheint mir im Hinblick auf das zweite große Ziel der Tory-Partei – die Erhaltung des Empire – die öffentliche Meinung unsere Prinzipien zu begünstigen – jene öffentliche Meinung, die […] vor dreißig Jahren unseren Prinzipien nicht günstig gesonnen war und die, während einer langen Zwischenzeit der Auseinandersetzungen, in jener Zwischenzeit unentschieden gewesen war. […]

Es geht darum, ob Sie damit zufrieden sein wollen, ein bequemes England zu sein, das nach dem Vorbild kontinentaler Prinzipien geformt ist und in absehbarer Zeit sein unvermeidliches Schicksal erfährt, oder ob sie ein großes Land sein wollen – ein imperiales Land – ein Land, in dem Ihre Söhne, wenn sie aufsteigen, zu höchsten Stellungen aufsteigen und nicht nur die Wertschätzung ihrer Landsleute, sondern die Achtung der ganzen Welt erringen.

Zit. nach: P. Alter, Der Imperialismus, Stuttgart 1979, S. 12 f.

M 5 Britische Weltreichspolitik

Der britische Kolonialminister Joseph Chamberlain äußerte sich in einer Rede am 6. Oktober 1903 in folgender Weise:

Unsere Ziele sind zwei: Zuerst wünschen wir alle die Erhaltung und Mehrung der nationalen Stärke und das Gedeihen des Vereinigten Königreichs. Das mag ein selbstsüchtiger Wunsch sein. […] Nach meiner Meinung hat Britannien in der Weltgeschichte eine große Rolle gespielt, und aus diesem Grunde wünsche ich, Britannien möge es weiter tun.

Unser zweites Ziel ist oder sollte sein: Die Verwirklichung des größten Ideals, das jemals Staatsmännern in irgendeinem Lande oder aus irgendeiner Zeit vorgeschwebt hat: die Schaffung eines Reiches, wie es die Welt noch nie gesehen hat. Wir müssen bauen an der Einheit der Staaten um die Ozeane; wir müssen die britische Rasse konsolidieren; wir müssen dem ganzen Rattenkönig von Wettbewerbungen begegnen, die gegenwärtige Handelswettbewerbe sind, die früher etwas anderes waren und es auch einmal in der Zukunft wieder werden könnten. Aber was das auch sein möge, welche Gefahren uns auch drohen mögen, wir dürfen ihnen nicht länger als ein isoliertes Land gegenüberstehen; wir müssen ihnen entgegentreten, gekräftigt, gestärkt und abgesteift durch die Strebepfeilerkraft aller jener Vettern von uns, aller kraftvoll und beständig wachsenden Staaten, welche dieselbe Sprache mit uns reden, auf dieselbe Flagge mit uns stolz sind. […]

Unsere nationale Existenz beruht auf unserer industriellen Leistungsfähigkeit und Produktion. Wir sind nicht etwa ein wesentlich ackerbautreibendes Land; dies kann niemals die Hauptquelle unseres Wohlstandes sein. Wir sind ein großes industrielles Land.

Daraus folgt eins: dass der Handel innerhalb unseres Weltreiches für unser Gedeihen in der Gegenwart unbedingt notwendig ist. Geht dieser Handel nieder oder hört er nur auf, im Verhältnis zu unserer Bevölkerung zuzunehmen, dann sinken wir zu einer Nation fünfter Klasse herab. Unser Schicksal wird dann das Schicksal der Reiche der Vergangenheit sein.

Zit. nach. : W. Wulf, Das Zeitalter des Imperialismus 1890–1918, Geschichtliche Quellenhefte 10, Frankfurt/M. 1974, S. 42 f.

M 6 Die USA als Weltmacht um 1900

Der Historiker Hans-Ulrich Wehler charakterisiert die Expansionspolitik:

Fünfzig Jahre nach dem Krieg gegen Mexiko haben die Vereinigten Staaten erneut einen kurzen, aber folgenschweren auswärtigen Krieg, diesmal gegen Spanien und seine Kolonien, geführt. Hatte der Krieg vor der Jahrhundertmitte ihnen das halbe Gebiet des damaligen Mexiko und eine gewaltige Abrundung ihres kontinentalen Besitzes eingebracht, gingen sie aus dem Krieg kurz vor der Jahrhundertwende mindestens ebenso erfolgreich hervor: Seit 1898/99 besaßen die Vereinigten Staaten eigene Kolonien, die Philippinen und Puerto Rico, ein faktisches Protektorat über Kuba, die Vorherrschaft in der Karibik, die Hegemonialstellung in der gesamten „Westlichen Hemisphäre" und nicht zuletzt eine anerkannte vorteilhafte Position im Kampf um den Chinahandel und eventuell die Aufteilung des Reichs der Mitte. Daher kann man seit dieser Zeit die Vereinigten Staaten zweifellos eine Weltmacht nennen, das haben auch die Zeitgenossen bereits getan. Nach dem gewaltigen Kontinentalreich der russischen Herrscher tauchte damit die zweite der großen Flügelmächte auf, welche die globale Vorherrschaft Europas innerhalb kurzer Zeit beenden sollte.

Dieser wegen seines Tempos Staunen erregende Aufstieg der Vereinigten Staaten zur Weltmacht hing unauflöslich mit dem dynamischen Wachstum der amerikanischen Industrie und der kommerzialisierten Landwirtschaft insbesondere seit dem Bürgerkrieg zusammen. Dieses unregelmäßige, aber anhaltende Wachstum mit seinen schweren Einbrüchen während der Depressionsphasen von 1873 bis 1879, 1882 bis 1886 und 1893 bis 1896 erhöhte den funktionalen Wert der Außenmärkte. Es förderte auch den Ruf nach staatlicher Unterstützung und brachte nicht anders als in Europa die frühe Gestalt des modernen Interventionsstaats hervor, der u. a. mithilfe der kommerziellen und schließlich auch der kolonialen Expansion die im Inneren aufgestauten ökonomischen, sozialen und politischen Probleme zu bewältigen versuchte.

Die älteren expansionistischen Traditionen des Landes vom früh übernommenen britischen Merkantilismus über die „Manifest-Destiny"-Idee bis hin zum „Continentalism" haben den Übergang zum modernen Imperialismus begünstigt. Rechtfertigungsideologien wie die einer Hegemonialstellung in der „Westlichen Hemisphäre", der Unabdingbarkeit einer jeweils neuen „Frontier" auch in Übersee, der politischen Unfehlbarkeit des „Neuen Zion" haben sich mit neuen ideologischen Strömungen wie dem Sozialdarwinismus und der kolonisatorischen Sendungsaufgabe der angelsächsischen Amerikaner verbunden, um die verschiedenen Spielarten der Expansion zu legitimieren. Überwiegend war es jedoch ein nüchternes Interessenkalkül – entwickelt im Horizont der jeweiligen Zeit, ihrer Denk- und Handlungsmöglichkeiten –, das sich im Entscheidungsprozess durchsetzte.

Die amerikanische „Power Elite" hat mit schwer zu übertreffender Klarheit den unauflöslichen Zusammenhang zwischen ökonomischer Prosperität, sozialer Stabilität und politischer Funktionstüchtigkeit des Verfassungssystems erkannt – und wo immer möglich nach dieser Einsicht gehandelt.

Ihre Mitglieder teilten einen fest verankerten ideologischen Konsens über die innere Notwendigkeit der Expansion, der nach ihrer Auffassung keine überlegene Alternative gegenüberstand. Anhaltenden Streit dagegen gab es über Taktik und Methode: ob trotz der antikolonialistischen Traditionen des Landes dennoch Kolonialherrschaft geboten sei oder ob informelle Herrschaft in ihren verschiedenen Abstufungen und Gradierungen erhalten bleiben könne. Nach Möglichkeit orientierte sich die Machtelite am Imperativ des „Informal Empire", da die militärischen, finanziellen und politischen Belastungen von Kolonien nur zu deutlich erkennbar waren.

Unter scharfem Konkurrenzdruck und getragen von der Überzeugung, dass langfristig dominierende Interessen es geböten, konnte aber auch der Übergang zur Kolonialherrschaft erfolgen, wie das 1898/99 in der Karibik, auf den Philippinen und Samoa der Fall war.

Ob Demokraten oder Republikaner die Regierung stellten, stets nahm sich das Washingtoner Establishment der amerikanischen Interessen in Lateinamerika, im Pazifik, in Ostasien an. In harten Konflikten, z. B. mit der englischen Vorherrschaft in Mittel- und Südamerika, wurden die amerikanischen Ansprüche in der Regel durchgesetzt. Im Grunde trug ein breiter überparteilicher „Bipartisan" [Zweiparteien]-Konsens die Expansionspolitik hin zur Kolonialherrschaft. Eine kleine, aktive Minderheit opponierte gegen Kolonien, befürwortete jedoch auch einen kraftvollen Freihandelsimperialismus.

Das Leitbild der „Offenen Tür" blieb nach 1899 weiterhin für die amerikanische Außenpolitik verbindlich, Kolonien galten nicht als Zweck an sich, sondern als vorübergehend notwendiges, unumgängliches Zwischenspiel. Nach einer Zeitspanne von nur einer Generation wurden z. B. die Philippinen in die Unabhängigkeit entlassen, längst ehe die Dekolonisationspolitik nach dem Zweiten Weltkrieg das Ende der europäischen Kolonialherrschaft besiegelte.

Die Verbindung von Antikolonialismus und ökonomischem Hegemoniestreben kennzeichnete auch nach 1900 die Außenpolitik der neuen Weltmacht.

H.-U. Wehler, Grundzüge der amerikanische Außenpolitik 1750–1900, Frankfurt/M. 1984, S. 216 f.

M 7 Erfordernisse der US-Außenpolitik

Der republikanische Senator Henry Cabot Lodge in einem Statement aus dem Jahre 1895:

Wir blicken auf eine Bilanz der Eroberung, Kolonisation und territorialen Ausdehnung, die kein anderes Volk im 19. Jahrhundert erreicht hat. [...]
Es ist nicht die Politik der Vereinigten Staaten, so wie England den Erwerb von weit entfernten Besitzungen in allen Teilen der Welt zu betreiben. Unsere Regierung ist auf eine solche Politik nicht eingestellt, und wir brauchen sie nicht, denn wir haben zu Hause ein weites Betätigungsfeld. Aber zugleich muss daran erinnert werden, dass, während wir die Zitadelle unserer Macht und Größe als Nation in den Vereinigten Staaten selbst besitzen, für die Verteidigung dieser Zitadelle Außenwerke nötig sind, die wir weder vernachlässigen noch aufgeben dürfen. [...]
Wir wünschen keine Ausdehnung nach Süden; denn weder die Bevölkerung noch die Länder Zentral- und Südamerikas wären für die Vereinigten Staaten erstrebenswerte Erwerbungen. Aber vom Rio Grande bis zum Nördlichen Eismeer sollte es nur eine Flagge und ein Land geben. Weder Rasse noch Klima verbieten diese Ausdehnung, und jede Betrachtung des nationalen Wachstums und der nationalen Wohlfahrt fordert sie. Im Interesse unseres Handels und unserer bestmöglichen Entwicklung sollten wir den Nicaragua-Kanal bauen, und für den Schutz dieses Kanals und unsere wirtschaftliche Vormachtstellung im Pazifik sollten wir die Inseln von Hawaii kontrollieren und unseren Einfluss in Samoa behaupten. England hat Westindien mit starken Befestigungen gesichert, die eine ständige Bedrohung unserer Atlantikküste darstellen. Wir sollten auf diesen Inseln zumindest einen starken Marinestützpunkt besitzen, und wenn der Nicaragua-Kanal gebaut wird, werden wir auf Kuba, das nur schwach besiedelt und von fast unbegrenzter Fruchtbarkeit ist, nicht verzichten können. Der Handel folgt der Flagge, und wir sollten eine Flotte bauen, die stark genug ist, Amerikaner in jedem Winkel der Erde zu beschützen und jede Möglichkeit eines erfolgreichen Angriffs auf unsere Küsten auszuschließen.
Die Tendenz der modernen Zeit geht auf Konsolidierung. Dies wird sichtbar beim Kapital und in der Arbeiterschaft und gilt in gleicher Weise von den Nationen. Kleine Staaten gehören der Vergangenheit an und haben keine Zukunft. Die moderne Bewegung zielt auf die Zusammenfassung der Menschen und Länder in großen Nationen und Reichen. Die großen Völker sind dabei, sich für ihre zukünftige Ausdehnung und gegenwärtige Verteidigung alle leeren Gebiete der Erde einzuverleiben. Dies ist eine Bewegung, die der Zivilisation und dem Fortschritt der Menschheit dient. Als eine der großen Nationen der Welt dürfen die Vereinigten Staaten nicht abseits stehen.

Zit. nach: D. Düsterloh, J. Rohlfes, Die Vereinigten Staaten von Amerika, Stuttgart 1980, S. 54 f.

M 8 Fernostpolitik

US-Präsident Theodore Roosevelt in einem Schreiben vom 22. Dezember 1910:

Unser vitales Interesse ist es, Japan von unserem Land fernzuhalten und gleichzeitig seinen guten Willen zu erhalten. Das vitale Interesse Japans dagegen liegt in der Mandschurei und Korea. Es ist deshalb von besonderem Interesse für uns, in Sachen Mandschurei keine Schritte zu unternehmen, die Japan [...] das Gefühl geben könnten, dass wir dem Land gegenüber feindselig eingestellt sind oder dass wir, wenn auch nur geringfügig, Gefahr für seine Interessen darstellen. Ein Bündnis mit China bedeutet angesichts der absoluten militärischen Hilflosigkeit des Landes für uns keine zusätzliche Stärke, sondern eine zusätzliche Verpflichtung, die wir uns aufbürden; und da ich die Politik des Bluffs völlig ablehne, sowohl in der nationalen als auch in der internationalen Politik als auch im Privatleben und es auch ablehne, die alte Grenzregel „Zieh nie [den Colt], wenn Du nicht schießen willst" zu verletzen, halte ich es für falsch, Positionen zu beziehen, die wir nicht verteidigen können.
Was die Mandschurei anbetrifft, so können wir Japan nicht stoppen, wenn es einen unseren Interessen entgegengesetzten Kurs einschlägt, falls wir nicht zum Kriege bereit sind; und ein erfolgreicher Krieg um die Mandschurei würde von uns eine Flotte so groß wie die englische und eine Armee so stark wie deutsche verlangen. Die Politik der „offenen Tür" in China war eine gute Sache, und ich hoffe, sie wird es in Zukunft bleiben, solange sie durch allgemeines diplomatisches Übereinkommen gesichert werden kann; aber wie die Geschichte der Mandschurei sowohl unter Russland als auch unter Japan gezeigt hat, verschwindet die ganze Politik der „offenen Tür" de facto völlig, wenn eine mächtige Nation entschlossen ist, sie zu missachten, und lieber ein Kriegsrisiko eingeht als ihre Absichten aufzugeben.

Zit. nach: D. Junker, Power and Mission, Was Amerika antreibt, Freiburg/Brsg. 2003, S. 36 f.

3.3 Japan und China im Zeitalter des Imperialismus

Japan

Die Tokugawa-Zeit (1603–1868)

Bis Mitte des 19. Jahrhunderts blieb Japan ein vom Rest der Welt abgeschottetes Land. In ihm regierte nominell, also dem Namen nach, der Tenno („himmlischer Kaiser"). Er blieb aber in seinen Amtshandlungen auf religiöse Zeremonien beschränkt. Die tatsächliche Macht lag beim Schogun, dem obersten militärischen Befehlshaber. Abgeleitet von diesem Titel bezeichnet man die Regierungsform als Schogunat.

1603 wurde Ieyasu Tokugawa zum Schogun ernannt. Seine Familie hielt das Amt bis 1868 in ihren Händen. Das Kaiserhaus wurde zwar nicht abgeschafft, blieb aber politisch bedeutungslos.

Der Schogun stand an der Spitze der politischen Pyramide. Unter ihm bildeten die Daimyo (Landesfürsten) und Samurai (Krieger, Ritter) die privilegierte Oberschicht. Diese machte etwa fünf Prozent der altjapanischen Bevölkerung aus. Der Rest der Gesellschaft wurde in Bauern, Handwerker und Kaufleute unterteilt.

Die Tokugawa-Schogune errichteten einen Polizeistaat, in dem ausgefeilte Techniken der Machterhaltung Anwendung fanden. Konkurrierende Daimyo mussten jedes zweite Jahr in der Hauptstadt Edo (dem heutigen Tokio) residieren. Zwischenzeitlich mussten Frauen und Kinder als Geiseln gestellt werden. Das einfache Volk durfte bei Todesstrafe keine Waffen tragen. Es musste sich in einem Tempel registrieren lassen und unterlag zudem der Behörde für religiöse Überwachung. Christen erlitten blutige Verfolgungen, weil das Schogunat jegliche Fremdeinflüsse zu beseitigen trachtete. Diesem Zweck diente auch die ab 1633 erfolgte Abriegelung des Landes von der Außenwelt. Die letzten noch im Land befindlichen christlichen Missionare wurden ausgewiesen. Für Japaner selbst erließ die Regierung ein Ausreiseverbot. Der Handel mit ausländischen Mächten unterlag einer strengen Reglementierung.

M 1 **Empfang für Commander Perry 1854,** zeitgenössische Lithographie nach W. T. Peters

Lediglich ein kleiner holländischer Handelsposten auf einer Insel im Hafen von Nagasaki diente als Kontaktstelle zu den Fremden.

Die Öffnung des Landes

Das Machtstreben der imperialistischen Mächte Europas und der USA machte auch vor Japan nicht halt. 1853 erschien ein amerikanisches Geschwader unter der Führung von Commodore Matthew Perry in der Bucht von Tokio, im darauffolgenden Jahr ein zweites Mal. Die im Auftrag von US-Präsident Fillmore vorgetragenen Forderungen lauteten:

- Öffnung von japanischen Häfen,
- Aufnahme von Handelsbeziehungen,
- Schutz von schiffbrüchigen Seeleuten.

Die überlegene Bewaffnung der amerikanischen Flotte, in der sich auch dampfbetriebene Fregatten befanden, gab den Ausschlag dafür, dass 1854 diese Forderungen im so genannten ungleichen Vertrag von Kanagawa anerkannt wurden.

In der Folgezeit wurden Ausländersiedlungen gegründet. Kaufleute, Missionare und Soldaten genossen den Status der Exterritorialität, das heißt sie unterlagen nicht der japanischen Gerichtsbarkeit. Die Öffnung des Landes löste in Japan einen Schock aus.

Die Meiji-Restauration (1868)

Die gewaltsame Öffnung versetzte das Land in eine Phase der Krise, die von Fremdenfeindlichkeit und Unruhen geprägt war. Für die japanischen Eliten stellte sich die Frage, wie auf das unerwünschte Eindringen der Fremden reagiert werden sollte. Wie konnte verhindert werden, dass das Land auf den Status einer Kolonie herabgedrückt wurde? Es zeigte sich, dass das Tokugawa-Schogunat dieser Herausforderung nicht gewachsen war. Es wurde gestürzt. 1868 gab im Zuge eines weitgehend unblutig verlaufenen Staatsstreichs der letzte Schogun formell die Macht in die Hände des Kaisers zurück. Parallel dazu traten die Landesfürsten ihre Rechte an die Zentralregierung ab. Auf dem Fundament der Tokugawa-Zeit entstand nunmehr der japanische Zentralstaat.

M 2 Commander Perry in einem japanischen Holzschnitt
Der Künstler hat die fremdartige „Langnase" und die für Japaner ungewohnte Haarpracht betont.

Dieser Vorgang fand als „Meiji-Restauration", benannt nach dem kaiserlichen Wahlspruch von 1868: „erleuchtete Regierung", Eingang in die Geschichtsbücher. Diese Bezeichnung ist irreführend, denn diese „Restauration" stellte keineswegs die kaiserliche Macht wieder her, wie der Begriff „Restauration" unterstellt. Vielmehr lag die politische Macht in Japan fortan bei relativ kleinen Gruppen von Politikern, Beamten, Militärs und Industriellen. Man sprach bisweilen von der „Koalition von Yen und Schwert", wobei Angehörige der ehemaligen Kriegerkaste (Samurai) tonangebend waren. Die Architekten dieser „Revolution von oben" hatten sich das Ziel gesetzt, einen starken Staat zu schaffen, wobei die Oberschicht der ehemaligen Samurai die politische Kontinuität garantierte. Der Vorrang der Samurai kam gleichfalls in dem Motto zum Ausdruck: „Ein reiches Land und eine starke Armee."

Die politische Kultur Japans wurde also von einer Oligarchie geprägt (Oligarchie = Herrschaft weniger oder einer kleinen Gruppe).

Die neue politische Ordnung schlug sich in der Verfassung von 1889 nieder, die sich stark am preußischen Vorbild orientierte. Die Daimyo (Landesherrn) und Samurai (Krieger) verloren ihre Privilegien (Landbesitz, politische Rechte), was mit finanziellen Leistungen in

Form von Staatsanleihen kompensiert wurde. Die Einführung der allgemeinen Wehrpflicht (1873) raubte der Kriegerkaste ihr wichtigstes gesellschaftspolitisches Vorrecht: den alleinigen Waffenbesitz.

Der Tenno (Kaiser) wurde von der neu an die Macht gekommenen Oligarchie zur Legitimation des Staatsstreichs gebraucht. Denn die politischen Entscheidungen wurden in seinem Namen getroffen. Er diente zudem als Symbol der Einheit. Der Glaube an seine göttliche Abstammung ließ ihn zur unantastbaren und damit auch nicht kritisierbaren Person werden. Eine Demokratie im westlichen Sinne konnte auf dieser Basis nicht entstehen, zumal jede Kritik an der Regierung als Majestätsbeleidigung unterbunden werden konnte.

Entwicklungsstrategie der Reformer

Die neue Elite reagierte mit einer umfassenden wirtschaftspolitischen Reformpolitik auf die Herausforderung durch den überlegenen Westen. Ziel war dabei die Übernahme westlicher Technik unter Beibehaltung eigener japanischer Werte: „Japanischer Geist, westliche Wissenschaft" oder „Moral des Ostens, Technik des Westens", so lauteten seinerzeit die gängigen Parolen.

Die Modernisierung sollte das Land in die Lage versetzen, der Herausforderung durch die imperialistischen Mächte offensiv begegnen zu können. Diesem Zweck dienten:

- eine Agrarreform,
- die Einführung der allgemeinen Schulpflicht,
- der Ausbau der Infrastruktur (z. B. der Verkehrswege),
- die Anstellung von ausländischen Experten, insbesondere auch von Militärfachleuten,
- die Einrichtung eines Übersetzungsbüros für westliche Bücher,
- der Ankauf von westlicher Technologie, u. a. auch von Waffen.

Im Zeitraum von nur einer Generation vollzog sich ein rasanter Wandel, an dessen Endpunkt sich das bis dahin rückständige Agrarland zu einem leistungsfähigen Industriestaat verändert hatte.

Japanischer Imperialismus

Zwischen 1868 und 1905 gelang Japan der Aufstieg zur ostasiatischen Führungsmacht und damit der Eintritt in die Riege der Großmächte. Aus dem vom Imperialismus bedrohten Land wurde nunmehr ein Land mit eigenen imperialistischen Bestrebungen. Die Oligarchie Japans, die zwar im Namen des Kaisers regierte, die aber letztlich keiner Kontrolle von außen unterworfen war, betrieb eine Politik, die im Endeffekt zum Zusammenstoß mit China und den Westmächten führen musste.

Die „klassischen" imperialistischen Ziele bestanden darin, die geostrategisch beengende Insellage zu überwinden und auf dem Festland (Korea, China) eine eigene Rohstoffbasis mit Absatzmärkten aufzubauen.

Japanisch-chinesischer Krieg

Bereits Ende des 19. Jahrhunderts stieß Japan gegen das geschwächte chinesische Reich vor. In Korea siegte eine japanische Interventionsarmee. In diesem chinesisch-japanischen Krieg von 1894/95 erwies sich das an europäischen Vorbildern geschulte und modern ausgerüstete japanische Militär als hoch überlegen. Im anschließenden Vertrag von Shimonoseki (1895) setzte Japan typisch imperialistische Forderungen durch: Gebietsabtretungen (u.a. Taiwan), Entschädigungszahlungen und die Öffnung von Häfen.

Mit dem Sieg über China hatte Japan seinen Anspruch als asiatische Großmacht gefestigt. Aus einem „Opfer“ der westlich-imperialistischen Staaten war ein imperialistischer „Täter“ geworden. Nur wenige Jahrzehnte nach seiner Öffnung spielte Japan eine Rolle im „Konzert der Mächte“. Seine Teilnahme an der Niederschlagung des Boxer-Aufstandes (1900) sowie das Bündnis mit Großbritannien (1902) unterstrichen die Anerkennung als gleichberechtigte Macht.

Japanisch-russischer Krieg

Die japanischen Ausdehnungsbestrebungen im Norden Chinas führten fast zwangsläufig zum Konflikt mit Russland, das gleichfalls imperialistische Ziele in dieser Region verfolgte. Der Krieg zwischen beiden Mächten (1904/05) endete mit einer verheerenden Niederlage des zaristischen Russlands – sowohl auf dem Land als auch zu Wasser (Seeschlacht von Tsushima). Weltgeschichtlich bedeutete dies insofern einen Einschnitt, als es sich um die erste Niederlage einer europäischen Großmacht handelte, die ihr von einer nicht-westlichen Macht zugefügt worden war. Dieser Machtgewinn veranlasste die japanische Führung, Korea zum Protektorat zu erklären (1905) und 1910 gänzlich zu annektieren. Die japanische Eroberung der Mandschurei fand ihren vorläufigen Abschluss 1932 mit der Gründung des Marionettenstaates „Mandschukuo“, auf dessen Thron die japanische Armee den letzten chinesischen Kaiser, Pu Yi, setzte.

China

Halbkolonie

Beim Wettlauf der imperialistischen Mächte um Kolonien stellten im letzten Drittel des 19. Jahrhunderts Afrika und China die größten Anziehungspunkte dar. Während Afrika (fast) gänzlich aufgeteilt wurde, entging das chinesische Kaiserreich diesem „Schicksal“. Die Rivalität der Mächte und die „open-door-policy“ der USA verhinderten eine Koloniebildung. Gleichwohl entstanden aber kommerzielle Einflusszonen und so genannte Pachtgebiete an den Küsten, so dass China auf einen halbkolonialen Status gedrückt wurde. Im Unterschied zum Beispiel zu Indien blieb ein Rest formaler Souveränität erhalten.

Eine weitere Schwächung des Landes hing mit der demütigenden Niederlage gegen Japan zusammen (1895). Nicht nur die Begegnung mit den westlichen Imperialmächten, sondern auch eine asiatische Konkurrenzmacht hatte dem chinesischen Selbstbewusstsein erheblichen Schaden zugefügt.

Während die japanische Führung zielorientiert daran gegangen war, westliche Naturwissenschaft und Militärtechnik zu übernehmen, widersetzten sich chinesische Beamte einer solchen Entwicklungsstrategie. Die japanische Kriegerkaste hatte anders auf die westliche Herausforderung reagiert als die korrupte chinesische Monarchie und ihre Bürokratie. Die chinesischen Gelehrten blieben zumeist von der Höherwertigkeit der chinesischen Kultur überzeugt. Darum kam keine einheitliche Antwort der chinesischen Führung zustande. Eine Modernisierung der Gesellschaft blieb aus. Die religiös inspirierten und fremdenfeindlichen Boxer-Unruhen führten keineswegs zur Unabhängigkeit, sondern nur zu einer konzertierten Reaktion von acht Mächten, darunter auch das Deutsche Reich. Der Aufstand wurde 1900 von einer Interventionsarmee blutig niedergeschlagen.

M 3 Aufteilung Chinas
Französische Karikatur, 1898

M 4 Reaktion auf die Perry-Mission

Während ein Teil der politischen Klasse Japans den Krieg gegen die imperialistischen Mächte beabsichtigte, gab der Diplomat Ikeda Nagaaki folgende Empfehlungen (1864):

Eine genaue Prüfung der westlichen Länder zeigt, dass, obgleich sie alle unser Land begehren und nur auf eine passende Gelegenheit warten, über uns herzufallen, sie sich doch der Schwierigkeiten eines langen Krieges bewusst sind, da ihre Streitkräfte jenseits der Meere so weit von zu Hause entfernt kämpfen müssten. […].

Ist aber der Suezkanal [Bauzeit 1859 bis 1869] fertig, dann können sie mit ihren Kriegsschiffen direkt zu den Ländern des Ostens fahren, und die Seereise wird nur ein Drittel der jetzigen Zeit beanspruchen. Sollte es dann geschehen, dass neue Zwischenfälle in Japan passieren […], dann kann es wohl sein, dass die Fremden sich zusammentun und ihre Eroberungspläne gemeinsam durchführen. […]

Unser sorgfältiges Studium der Verhältnisse des Westens scheint aber zu beweisen, dass sie jede Gelegenheit suchen, um Kriegspläne gegeneinander auszuführen. Wie die Dinge jetzt stehen, erscheint es als wahrscheinlich, dass alle Länder Europas im Verlauf von drei bis fünf Jahren in einen größeren Krieg verwickelt sein werden. Hat das Bakufu [die Regierung] bis dahin Recht und Gesetz in Japan wiederhergestellt, so wird es diese Spaltung der Fremden zu einer neuen Formulierung seiner Außenpolitik benutzen können. Falls wir uns aber inzwischen eines Vertragsbruches schuldig machen, so besteht kein Zweifel, dass sich alle Länder gegen uns vereinigen und so die europäischen Konflikte lösen werden. Das würde ein nationales Unglück für uns bedeuten. […] Wir schlagen vor:

1. Gesandte in alle Länder Europas zu senden;
2. Verträge zu schließen – nicht nur mit europäischen Ländern, sondern mit allen anderen unabhängigen Ländern, damit wir uns im gegebenen Fall […] verbünden können;
3. Studenten ins Ausland zu schicken, damit wir Kenntnisse des See- und Landkrieges erwerben;
4. dass wir verschiedene westliche Zeitungen bestellen und uns so über die Ereignisse selbst informieren;
5. dass es unseren Menschen erlaubt wird, in fremde Länder zu gehen, um Handel zu treiben und sich mit den Lebensbedingungen der Fremden vertraut zu machen.

Zit. nach: G.C. Schwebell (Hg.), Die Geburt des modernen Japan in Augenzeugenberichten, München 1970, S. 350 f.

M 5 Japans Sieg über China

Gottfried-Karl Kindermann, Fachmann für ostasiatische Geschichte, stellt im Folgenden den Verlauf und die Konsequenzen des japanisch-chinesischen Kriegs von 1894/95 dar:

Der Verlauf des Krieges enthüllte die drastische Ungleichheit des realen Machtverhältnisses zwischen den beiden fernöstlichen Kaiserreichen. Die Japaner demonstrierten in eindrucksvoller Weise die Wirksamkeit, mit der ihnen die Übernahme westlicher Technik und Organisation auf militärischem und wirtschaftlichem Gebiet gelungen war. Das Verhalten der Regierung, der Streitkräfte und weiter Kreise der Öffentlichkeit entsprach dem Bewusstsein, Träger einer der größten Bewährungsproben der japanischen Geschichte zu sein. Die Verbindung von kriegstechnischer Fähigkeit mit fanatischem Patriotismus machte die japanischen Streitkräfte zu furchtbaren Gegnern der Chinesen. Die zielorientierte Einheit der japanischen Nation verstärkte die Wirksamkeit ihres Einsatzes. […]

Den Krieg beendete der am 17. April 1895 unterzeichnete chinesisch-japanische Friedensvertrag von Shimonoseki. Nach Artikel I anerkannte China die „vollständige Unabhängigkeit und Autonomie Koreas" und stimmte der Einstellung der koreanischen Tributzahlungen sowie damit verbundener Zeremonien zu.

Artikel II verpflichtete China zur Abtretung des Südteils der strategisch hochbedeutsamen Liaotung-Halbinsel am südlichen Ende der Mandschurei mit den Häfen Port Arthur und Dairen sowie zur Abtretung der Insel Taiwan (Formosa) und der Pescadoren-Inseln.

Artikel IV sah eine chinesische Kriegsentschädigung an Japan in Höhe von 200 Millionen Taels vor, während Artikel VI die Öffnung von vier weiteren chinesischen Städten für den japanischen Handel und das Recht japanischer Handelsschiffe zur Navigation auf bestimmten chinesischen Inlandgewässern festlegte.

Die sich durch den Vertrag von Shimonoseki abzeichnende große Erweiterung der japanischen Machtsphäre im Fernen Osten erweckte bei den okzidentalen Mächten – insbesondere aber bei Russland – ernste Befürchtungen. Ihnen kam die Bitte der Pekinger Regierung entgegen, sich für eine maßvollere Fassung der japanischen Friedensbedingungen einzusetzen. Nach längeren zwischen den Großmächten hin und her gehenden Geheimverhandlungen beschlossen Russland,

Deutschland und Frankreich, durch ihren gemeinsamen Einspruch dem japanischen Erwerb der Liaotung-Halbinsel entgegenzutreten. Vor dieser machtvollen Kombination europäischer Großmächte zog Japan seinen Anspruch auf die Liaotung-Halbinsel im Rahmen einer japanisch-chinesischen Konvention vom 8. November 1895 zurück und ersetzte ihn durch die Forderung einer weiteren Reparationssumme in Höhe von 30 Millionen Taels. Eine andere im Vertrag von Shimonoseki vorgesehene Abtretung chinesischen Gebiets zog ebenfalls besondere Folgen nach sich.

G.-K. Kindermann, Der Ferne Osten in der Weltpolitik des industriellen Zeitalters, Lausanne 1970, S. 71 f.

M 6 Japanisch-chinesischer Krieg

Proklamation des japanischen Kaisers an sein Volk anlässlich der japanischen Kriegserklärung an China (1. August 1894):

Wir, Kaiser von Gottes Gnaden, deren Dynastie den Thron Japans seit undenklichen Zeiten innehat, richten an Unsere treuen und tapferen Untertanen folgende Kundgebung:
Wir erklären hierdurch den Krieg, und Wir befehlen Unseren zuständigen Behörden, Unserem Willen gehorsam und, mit Hinblick auf das Staatswohl, zu Wasser und zu Lande mit allen verfügbaren Mitteln, die das Völkerrecht erlaubt, gegen China vorzugehen. [...]
Korea ist ein unabhängiger Staat. Er wurde zuerst unter Japans Rat und Führung in den Bund der Nationen eingeführt. Es ist jedoch Chinas Gepflogenheit gewesen, [...] sich öffentlich und geheim in seine inneren Angelegenheiten einzumischen. [...]
Japan wünschte, Korea von dem Unglück beständiger Unruhen zu befreien und damit zugleich den allgemeinen Frieden im Osten aufrechtzuerhalten, und erbat Chinas Beistand zum Erreichen des Zieles. Aber China lehnte unter verschiedenen Vorwänden Japans Vorschlag ab. Darauf gab Japan Korea den Rat, die Verwaltungsform zu verbessern, damit Ruhe und Ordnung im Innern eintreten und das Land auch nach außen hin die Verantwortlichkeiten und Pflichten eines unabhängigen Staates erfüllen könnte. Korea zeigte sich schon bereit, die Aufgabe durchzuführen; aber China hatte heimlich und hinterlistig daran gearbeitet, Japans Absichten zu vereiteln und zu durchkreuzen, und hat, während es die Unterhandlungen verzögerte, zu Wasser wie zu Lande kriegerische Vorbereitungen getroffen. Als diese Vorbereitungen beendet waren, schickte es nicht allein große Verstärkungen nach Korea, um seine ehrgeizigen Pläne mit Gewalt durchzusetzen, sondern ging in seiner Willkür und Anmaßung so weit, auf Unsere in den koreanischen Gewässern befindlichen Schiffe ein Feuer zu eröffnen. [...]
Aus dem Vorgehen Chinas kann nur geschlossen werden, dass es von Anfang an gewillt war, den Frieden zu opfern, um sein unheilvolles Ziel zu erreichen. In dieser Lage erachten Wir es für unmöglich, eine Kriegserklärung gegen China zu umgehen, so aufrichtig es auch immer Unser Wunsch gewesen ist, das Ansehen Unseres Landes durch friedlichen Fortschritt zu heben. Wir wünschen ernstlich, dass der Friede durch die Treue und Tapferkeit Unserer Untertanen bald dauernd wiederhergestellt und der Ruhm des Reiches erhöht und vermehrt werden möge.

Zit. nach: W. Wulf (Hg.), Das Zeitalter des Imperialismus 1890–1918, Geschichtliche Quellen, Heft 10, Frankfurt/M. 1974, S. 29 f.

M 7 Boxer-Aufstand

Aufruf der fremdenfeindlichen Boxer-Bewegung (1900):

Fremde Teufel sind gekommen und haben durch ihre Lehre viele zu ihrem römischen oder protestantischen Glauben verleitet. Ihre Kirchen stehen außerhalb menschlicher Beziehungen; sie haben sich indessen mit viel Bosheit Ehrgeizige und Begierige zugeführt. Sie haben ohne Grenze ihre Kraft missbraucht, bis alle guten Beamten verdorben und ihre Diener geworden waren aus Begierde nach fremdem Eigentum.
Der Telegraf und die Eisenbahn sind eingerichtet worden, man hat Gewehr- und Geschützfabriken angelegt, und diese Anstalten verursachen den fremden Teufeln eine boshafte Freude; ebenso ist es mit den Lokomotiven, den Ballons und den elektrischen Lampen, Erfindungen, die diese fremden Teufel für vorzüglich halten. Obwohl ihr Rang ihnen dies Recht nicht gibt, lassen sie sich in Sänften tragen;
China aber betrachtet sie doch als Barbaren, die Gott verdammen wolle. Geister steigen vom Himmel herab, um sie zu vernichten; die ersten dieser Himmelsmächte, die auf die Erde gekommen sind, das „Licht der roten Lampe“ und die „Gesellschaft der Freiwilligen der geschlossenen Faust“, werden die fremden Teufel bekämpfen. Die Freiwilligen werden die Häuser der Fremden verbrennen und die Tempel wiederherstellen.

Zit. nach: W. Wulf (Hg.), a.a.O., S. 39.

Abituraufgabe

zum thematischen Schwerpunkt 1:
Kontinuität und Diskontinuität deutscher Außenpolitik 1914 bis 1945
Grundkurs (grundlegendes Anspruchsniveau)

Aufgaben:

1. Fassen Sie die wesentlichen Aussagen Friedrich Meineckes mit eigenen Worten zusammen.
2. Ordnen Sie Meineckes Ausführungen in den historischen Zusammenhang ein und arbeiten Sie die Intention des Verfassers heraus.
3. Nehmen Sie Stellung zur Position Meineckes.
4. Erläutern sie die Bedeutung des Kriegsschuldartikels im Versailler Vertrag.

Friedrich Meinecke: Vorträge und Aufsätze, 1915

Aber wir mussten andererseits, weil wir uns rings von Feinden und Neidern umgeben sahen, auch unser Schwert scharf erhalten. Wir mussten kriegerische Fähigkeiten und Tugenden in uns nähren, aber die kriegerischen Leidenschaften fest im Zaume behalten. Mit reinem Gewissen dürfen wir jetzt sagen, dass wir bis zum letzten Augenblick hieran festgehalten haben. Unser Kaiser und unsere Reichsregierung haben sich in dem ganzen Jahrzehnt zuvor, in dem so oft die Versuchung an uns herantrat, die Spinnefeindschaft unserer Gegner mit deutschem Hiebe zu erwidern, nicht beirren lassen in ihrer ruhigen und festen Friedenspolitik, und die scheltenden Vorwürfe einzelner Überpatrioten fanden weder bei ihnen noch bei der breiten Masse unseres Volkes Gehör. Als wir im vorigen Jahre durch Heeresvermehrung und Wehrbeitrag neue große Opfer für die Rüstung unseres Reiches brachten, war es der tiefste Wunsch der ganz überwiegenden Masse unseres Volkes, dass sie dem Frieden dienen möchten. [...]

Es hat nicht sollen sein. Wir haben die vernünftige Einsicht unserer Feinde überschätzt und ihre Leidenschaften unterschätzt. Die wilde, zügellose Leidenschaft des Panslawismus, auf Zertrümmerung Österreichs gerichtet, mit den rohen Mitteln des Meuchelmordes, der Heuchelei und des Ehrenwortbruches arbeitend, hat diesen Krieg entzündet. Der überreizte Chauvinismus [=extremer Nationalismus] und Rachedurst der Franzosen aber hat zu lange mit dem Feuer gespielt, um es jetzt noch meiden zu können oder zu wollen, während die kalt berechnende Krämerleidenschaft der Engländer unserem wirtschaftlichen Wettbewerb jetzt ein Ende mit Schrecken bereiten zu können hoffte.

Alle diese trüben und gemeinen Leidenschaften haben wir nun durch die edleren und größeren Leidenschaften eines gerechten Kampfes, eines heiligen Krieges zu überstrahlen begonnen. Das friedlichste der Völker, die jetzt miteinander ringen, hat die gewaltigste Kriegskraft entwickelt, schier zu unserem eigenen freudigen Erstaunen. Aber sie war eben deswegen so gewaltig, weil wir bis zuletzt den Frieden gewollt haben. Wer von uns hat vorher geglaubt, dass mit so plötzlichem und gewaltigem Rucke alle inneren Klüfte sich schließen und nur der eine hinreißende Gedanke jetzt alle erfüllen würde: Wir werden siegen, denn wir müssen siegen, weil wir sonst schimpflich zertreten werden würden. Denn schlechthin alle, hohe wie niedrige Güter unserer Kultur, unser Wohlstand wie unser Geistesleben, unsere Freiheit wie unsere Einheit stehen jetzt auf dem Spiele, weil der Hass und die Erbitterung unserer Gegner unermesslich und unmenschlich sind.

Friedrich Meinecke, Deutscher Friede und deutscher Krieg. In; Die deutsche Erhebung von 1914. Vorträge und Aufsätze, 2.-5. Auflage, Stuttgart/Berlin, 1915, S. 54 f.

Erwartungshorizont

Aufgabe 1:

Folgende inhaltlichen Aspekte sollen herausgestellt werden:

• „deutsche Friedenspolitik" vor Beginn des Krieges trotz der Feindschaft der Gegner und der deshalb notwendigen eigenen Aufrüstung;
Einkreisungsgedanke; Friedenswille der deutschen Regierung und des deutschen Volkes;
• Schuldzuweisung für Kriegsausbruch 1914: russischer Panslawismus;
Französisches Revanchebedürfnis, britische Wirtschaftskonkurrenz;
• Gedanke des „gerechten, heiligen Krieges", der von Deutschland geführt wird.
• Verweis auf innenpolitische Einigkeit und Beschwörung des Sieges Deutschlands und seiner Bundesgenossen.

Aufgabe 2:

Kontext der Textentstehung: Phase des Krieges, als feststand, dass es eine längere Auseinandersetzung geben würde; Erfolge der Mittelmächte an der Ostfront, Stellungskrieg im Westen;
Gestaltungsmittel: kontrastiv gebrauchte Werturteile: negativ besetzte bezüglich der Gegner Deutschlands („Neider", „gemein", „unmenschlich", „zügellose Leidenschaften" usw.), positiv besetzte bezüglich Deutschlands („reinen Gewissens", „das friedlichste der Völker", „Freiheit", „Einheit", „heiliger Krieg" usw.)
Intention: völlige Rechtfertigung des Deutschen Reiches.

Aufgabe 3:

Mögliche Lösungsansätze:

Überprüfung der deutschen „Friedenspolitik" vor dem Ersten Weltkrieg (z.B. Flottenpolitik, aggressives Auftreten einzelner Repräsentanten, Rolle der deutschen Reichsregierung während der Julikrise 1914); Beurteilung der wertenden sprachlichen Gestaltung;
Ablehnung der völligen Rechtfertigung Deutschlands aufgrund der inhaltlichen Einseitigkeit und der Werturteile;
Eingehen auf die Verantwortung der einzelnen Großmächte, wobei deutlich werden sollte, dass der Schuldanteil Österreichs und Deutschlands bei aller Risikobereitschaft der Beteiligten aufgrund der konkreten Aktivitäten größer ist als der der anderen Mächte.

Aufgabe 4:

Hinweis auf den Inhalt des „Kriegsschuldartikels"; Empfinden des Artikels 231 als moralische Ächtung des deutschen Volkes, emotionalisierende Wirkung des Artikels, da die Bevölkerung weiterhin an die Einkreisung Deutschlands glaubt (vgl. Meinecke); Versailler Vertrag und „Artikel 231" bald wesentliches Element der Propaganda der Rechten, da die Politiker, die sich trotz ihrer Ablehnung des Friedensvertrags zur Unterschrift bereit erklärt hatten, als „Erfüllungspolitiker" diffamiert wurden;
destabilisierende Wirkung des Versailler Vertrages.

Register